JN409414

박부도김 이야기

힘들어도 괴로워도 중용의 마음으로 같이갈 동지 있으면 같이 없으면 없는대로 그길 갈것이다.

~박부도김 엣세이~

국보산문선 ⑱

박부도김 이야기

박형규 수필집

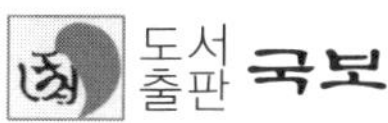

박부도김 이야기

인쇄 2011년 10월 10일
발행 2011년 10월 15일

지은이 | 박부도김
펴낸이 | 임수홍
편집디자인 | 맹신형
발행처 | 도서출판 국보
등록 | 제 324-2006-0023호
주소 | 서울시 강동구 길동 395-3 2층
전화 | 02-476-2757 / 476-7260
전송 | 02-476-2759
이메일 | kbmh11@hanmail.net
홈페이지 | http://cafe.daum.net/newnano

값 12,000원
ISBN 978-89-93533-21-7 03800

벌판의 자연 속에 있는 아주 보기 좋은 아름다운 집을 갔다. 그 집의 주인은 전직 교수였다. 제법 평수가 넓은 집을 관리 유지하는 라고 대부분의 시간을 작업복을 입고 생활을 한다.

집에 온통 신경을 써야 하기에 큰 마음을 먹기 전에는, 자신의 시간을 만들어 밖의 사회 활동을 하기가 어렵단다. '사람을 고용해 관리하게 하면 안 되냐' 하니 요즈음 인건비도 너무 비싸고, 그리고 인건비를 감수하고 관리인을 두게 되면 마음으로 즐기며 최선을 다하여 이곳을 아름답게 꾸밀 수 있는 안목이 필요한데, 그런 사람을 만나기가 그리 쉽지 않아 어쩔 수없이 자기가 땀을 흘릴 수밖에 다른 방법이 없단다.

좀 넓다 싶은 자연속의 주택, 자연은 꾸준한 관리나 보살핌이 없다면 바로 그 표가 나고 나중에는 흉물처럼 변한다. 도시가 아닌 자연이 숨 쉬는 이곳에서 살려고 하는 이유는 농사가 목적이 아닌 편안함을 누리려고 하는데, 주택을 갖는다는 것은 많은 땀과 인내가 요구된다.

더위와 추위, 모기와 파리 등 사람을 괴롭히는 모든 곤충과의 싸움을 사는 동안 치러야 하는 지루한 전투적인 생활이다. 그러기에 전원의 낭만을 생각하고 시골에 귀향한 사람들의 대부분이 실패를 한다. 왜냐면 귀농하는 대부분 사람들은 자연속의 생활은 여유롭고 낭만이 있다고 생각하고 내려왔다가, 고통을 요구하는 시간이 너무 많기 때문이다.

자연 속에서 뿌리를 내리려면 인내로 고통과 맞설 수 있는 용기와 힘의 노력이 있어야 한다. 자연을 즐기자 함은 도시에서 열심히 살다 시간적 여유가 있을시 작은 돈으로 그 곳에 가 많은 감탄사를 연발하면서 자연의 아름다음을 칭송하고, 그 위대함을 노래할 수도 있다.

누구나 꽃을 가꾸는 땀의 고통을 알 필요는 없다. 단, 보이는 대로 잘 가꾸어진 자연의 아름다움을 마음으로 즐기며 된다. 나도 인생을 가꾸기 위해 끈기의 땀을 흘리며, 간혹 불어오는 바람에 고마움을 느끼면서 살아왔다.

그래서 나는 간혹 느낄 수 있는 밝고 아름다움만을 노래하며, 마음껏 즐기다가 돌아가는 여행객의 마음처럼 들뜬 마음으로 세상을 살아가려고 노력하는 사람이다. 비록 땀과 고통도 필요하면 흘리겠지만, 나는 되도록 편안하게 자연을 바라보면서 이 삶의 여정을 걸어가고 싶다.

가을이 오는 어느 날에

박부도김

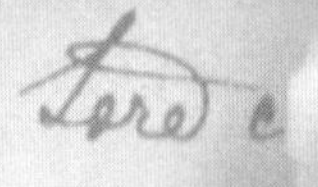

1장

60이라 하기에는 아깝다

2장
나를 바라보며

3장

친구

4장

천산마을의 꿈

5장

여인을 그리워하며

6장

고향의 강

7장

단편소설

제1장
60이라 하기에는 아깝다

바다와 선장

가끔 생각을 한다
인생이라는 넓은 바다를 항해하는 선장으로

배의 가장 앞 용머리에 서서
바다를 보며 항해를 하는 용사들의 선장으로

조급 하지도 않고 두려워하지도 않는 지혜의 눈으로
먼 바다의 앞을 주시하며
항로를 정하고 지시하는 선장으로

오늘도
노련하고 슬기롭고 지혜로운 머리와 감정으로
운명의 바다 항해를 즐기는
노련하고 멋진 선장으로
무한한 우주에
신의 가호를 믿으며 가는 굳건한 선장으로 걸어본다.

바다를 항해하는 선장의 기분으로 걸어본다.
닥치는 파도를 예견하며 항해를 하듯
나에게 있는 문제와 앞으로 닥칠 문제를 생각하며 걸어본다.

무릇 산다는 것은
크고 작은 파도가 밀려오고
그 파도를 헤치고 나가면서 사는 것이 아닐까!

아무리 큰 파도를 잘 넘겼다 하더라도
그 뒤에 파도는 또 밀려오는 것,

큰 파도 넘겼다고
그 뒤의 파도를 예견 못함은 우둔할진대
실력과 안목과 넓은 마음을 갖고
어떤 파도도 즐길 수 있는 역량 있는 선장만이

평화로운 미소를 짓고
앞을 보며 항해를 즐길 수 있을 것 아닐까?

진정으로 나를 도울 사람 누구며
나 또한 진정으로 누구에 의존하랴?

나 태어나 이 우주에서 숨을 쉬고 살아가며
주어진 환경에서 내일을 꿈꾸며
때로는 무기력 하게 시간을 보내는 삶이 아니던가?

불어오는 바람이 얼굴을 스친다
불어오는 바람이 얼굴을 스칠 때 살아 있음을 느낄까?

산위에서 맞는 바람
강가에서 맞는 바람
바다에서 맞는 바람
걸으면서 맞는 바람

바람은 지구의 부드러운 손길인 것 같다.
물론 아주 센 바람도 있지만
그런 바람은 자주 있는 것이 아니니까!

범선을 타고 항해를 하던 먼 조상의 숨결이
나에게 있는 것 같다

볼에 스치는 감미로움을 온몸으로

가슴 깊은 곳에서 느낄 수 있으니
되도록 한적한 곳을 골라 걷는다.
몇 가지 문제를 떠올려 본다.
한 다발로 묶을 생각과 나누어도 좋을 생각을 나누어 본다.

결론도 떠 올려본다.
최대한의 역량으로 문제에 부딪혀보고 해결을 하며
안 되는 부분은 나에게 있을 행운으로 미루어 본다

나는 나에게 있을 행운으로 문제를 미루는 경우가 종종 있는데
이것은 어느 문제를 해결함에 조바심내며 전전긍긍하지 않는
나만의 해결 방법이다.

말하자면 "최선을 다 한다, 결과는 신의 몫이다!" 라는
쉬운 삶의 방법으로 간다 할까!

걸으며 생각을 하던
앉아서 생각을 하던
잘 떠오르지 않는 문제는
그냥 '나의 운에게!'

책상 위에 걸려 있는 그림을 본다.
배가 망망대해를 헤쳐가는 그림이다,

바람을 이용한 범선의 항해다.
그림이 좋아 내 책상에다 걸어 놓고 한번 씩 본다.

우리의 인생도 파도치는 바다를 항해하는 것 같이
인간으로 태어나 그의 바다를 항해 하는 것이
우리의 운명이 아닐까?
왕복의 항해가 아닌 편도의 항해를
가는 그길 부드러운 바람도 불 수 있고
또 거친 바람도 부드럽다고 생각을 하면서
거칠다고 바람 피할 수 있는 항해는 아니라 생각한다.

살아 있기에
바람이 불기에
파도가 치기에
가는 피할 수 없는 운명의 바다길이 아닐까?

바다위에 배,
그 배가 아무리 크거나 적어도
넓은 시각으로 보면 물위에 가랑잎이 아닐까?

불어오는 운명의 바람에 그냥 흔들리며 가는
물위에 떨어져 흘려가는 하나의 잎처럼
놓인 앞날을 그 누가 알랴?

앞날을 보고 최선을 다하며
운명의 바람을 바라는 것이 인생 아닐까?

배가 한척이 가던
두 척이 가던

아니면 선단을 이루고 가던 그 차이가 무엇이겠는가?
같이 가는 마음에 위안이야 있겠지만,
그 배의 운명은 그 배의 운명이 아닐까?

어차피 파도를 헤치고 가는 운명,
멀리 수평선을 보고 부는 바람의 부드러움을
귓가에 철썩이는 파도 소리와 더불어 느끼며
하늘에 떠 있는 구름과 갈매기도 보면서
밤하늘에 무수히 박혀 있는 별들도 바라보고
고요하고 잔잔한 마음으로
내 인생의 키를 잡고
넓은 바다와 주변의 자연을 있는 그대로의 모습을 볼 수 있는 시각으로
가슴을 펴며 우주의 향과 기를 힘껏 들어 마시며 전진하는 항해.

눈에는 그 무엇의 본질도 볼 수 있는 심미안으로
입가에는 잔잔한 미소 띠며
운명의 항해를 지시하며 나가는 선장으로 그려보며
그리고 '운명의 신'의 미소도 떠올려 본다.

섬 그리고 바다

섬으로 여행을 떠났다. 나에게 다가오는 현실의 여러 문제에서 벗어나 좀 더 새로운 기운을 얻기 위해 가방을 둘러 매고 섬으로 갔다. 마음속으로 언제 한번 가봐야지 하고 있었던 섬을 찾아 갔다.

배를 타고 오후에 섬에 도착 했으나, 비가 내리기에 가볍게 한잔을 하고 바닷가 옆의 여관보다 깨끗한 아니 겉모습이 깨끗해 보이는 민박집에 갔다. 민박집 밖에 '모텔식 깨끗하고 인터넷 됨'이란 글씨에 끌렸기에 갔다. 안으로 들어가 숙소를 잡고 인터넷은 됩니까? 물으니 방 하나에 몇 만원

▲여명의 바닷가에서 필자

받고는 타산이 맞지 않아서 선만 깔아 있지, 인터넷은 안 된단다.

기가 막힌 상술이다. 아주 큰 문구로 사람을 끌어놓고 안으로 오니 그 말은 거짓이라 하니, 나갈까 생각하다 피곤도 하고, 작은 섬 안의 숙소치고는 깨끗했고 빨리 샤워를 하고픈 마음에 그 곳에 머물기로 하였다.

밤에 파도 소리인지, 바람소리인지 섬의 소리를 들어가며 잠을 잤다. 눈을 뜨고 커텐을 열고 밖을 보니 어둠이 밀려가는 여명의 아침이다. 6시 가까운 시간이었다. 간단하게 세수를 하고 가방을 매고 밖으로 나왔다. 숙소 바로 옆이 바다였다.

바다 옆으로 난 길을 걸어보았다. 어둠이 서서히 밀려가며 동쪽에 밝은 빛이 바다에 빛난다. 가슴에 새로운 기운이 들어오는 것 같다. 깊은 심호흡을 여러 번 했다. 도시의 가슴속의 찌꺼기를 이곳에 놓고 저 해와 이 바다의 신선하고 새로운 생명의 기운 가슴에 가득 넣고 또 넣었다.

바닷가를 걷는 발길에 아침의 시원한 바람이 부드럽고 감미롭게 불어온다. 인생은 별것이 아닐진대, 그렇게 대충 살아도 될 것 같은데, 간혹 이렇게 상그러운 새로운 환경과 바람이 필요하여 몇 시간을 걸었다. 별 생각 없이 바다와 하늘 그리고 멀리 보이는 섬을 보면서 걸었다.

이른 시간이라 사람들이 없었기에 나만의 시간을 음미하며 걸었다. 파도 소리를 아침의 노래로 들어가며 느릿하게 걸어보았다. 아침의 햇살이 잔잔한 파도에 부서지며 빛난다. 검푸르게 보이는 섬들과 바다위에 가는 배를 바라보며 벗 인양 힘차게 나르는 갈매기를 친구 삼아 그렇게 걷다 왔다.

나는 바다를 좋아 한다. 고향이 강가였고, 어린 시절 고향의 강가에서 원 없이 뛰어 놀면서 자랐기에 그런지 가슴이 답답하고 그 무엇인가가 그리울 적에 강물이 보이는 곳이나 바다가 보이는 곳을 가능하면 찾는다.

강가나 바닷가, 우선 시야가 트여서도 좋고 부드러운 물이 차 있던지 끝없이 고여 있어서 물결을 치면 강한 기운을 보고 그 기운이 나에게 오는 것 같기에 더욱 좋다.

대화란 인간과 인간끼리만 하는 것은 아닐 것이다. 자연을 보고 그 자연과 같이 그 시간 속에서 자연이 주는 것을 마음껏 마음으로 받고, 기쁘고 즐거워하면서 자연에게 미소를 보내는 것도 자연과의 대화이리라~.

자연은 보는 자의 것, 아름답고 웅장하고 이 세상에 제일의 풍경이라도 보지 않으면 소용이 없고, 보되 가슴에 넣지 못하면 그냥 스치는 여행이리라 나는 자연을 이렇게 감상한다.

이 세상 아무리 멋있는 풍경이더라도 구태여 가서 보고픈 마음 적고, 사진이나 어느 인쇄물을 통해서 보아도 만족한다.

인생의 모든 시간, 여행을 하는 사람이라도 이 좁은 세상의 좋다는 풍경 다 구경 할 수는 없지 아니한가? 좋은 경치 많이 보나 적게 보나 그 차이가 무엇이랴! 하기에 나는 자주 보는 자연을 어느 곳이나 보면 감사하고 감동을 한다.

이 끝없는 우주에 하나의 인간으로 태어나 그의 일부분을 보면서 적던 크던 감사 하지 않을 수 없다. 푸르던 검던 하늘만 평생을 보아도 느끼는 새로움은, 백년을 보거나 천년을 보아도 차지 않는 아쉬움이리라.

오늘도 발걸음 바다에 머물러 있기에 바다와 하늘이 주는 삶의 신비에 가슴 벅차하며 우주에 미소를 보낸다.

삶의 여유

아침 일찍 마누라가 아들과 같이 집안의 일 때문에 김해에 갔다. 아침은 같이하고 출발은 먼저 했기에 그들이 나간 뒤, 차를 한잔 마시고 바로 대전으로 출근하려 했었다. 현관문을 열고 나가려다 문득 '오늘은 나에게 사치를 해 볼까?' 하는 생각이 들어 잠깐 생각해보니 그동안 구정을 준비하려고 이리 뛰고 저리 뛰었지 나의 시간은 별로 없었던 것 같았다.

'그래 지금이 기회다.' 하는 생각으로 신을 신으려다 말고 다시 거실로 갔다. 여차하면 밖에 나가도 되는 복장을 하고 소파에 제일 편한 자세로 누었다. 리모콘으로 보고 싶은 프로 있으면 보고, 싫으면 끄고 잠시 졸다가 그대로 TV를 켜고 보면서 밖에는 간단한 전화만 하고 되도록 오는 전화 말고는, 아무 행동도 없이 그냥 눈만 말똥말똥 하다 졸고 이 자세가 귀찮으면 저 자세로 바꾸고, 뭉그적거리다가 시간을 보냈다.

점심시간이 되어 주방에 찌게와 밥이 있었지만 차려 먹을까 하다, 귀찮은 것 같아 그냥 굶기로 했다. 자유가 뭐 별건가 머리 아픈 일에서 잠시 벗어나 이렇게 뒹굴면서 지내는 것이 자유가 아니겠는가?

몇 시간 뒹굴었더니 배가 고픈 것 같아 집에 있는 먹을 것을 찾았다. 맥주와 와인 그리고 콜라, 과자부스러기가 있어 상위에 놓고 책도 보다가 맥주도 마시고, 그러다 지겨우면 와인도 먹고, 또 누어서 눈만 옆으로 돌려 TV를 봤다. '다정도 병이라고' 너무 편안해도 무언가 불편한 것 같았다. 멍하니 눈만 돌려 밖도 보았다. 큰 베게도 끌어안고 잠시 자 보았다.

며칠 전 술 한 잔 후 넘어져 엉덩방아를 쩌, 간간히 통증을 선사하는 꼬리뼈의 통증이 무언가 몸을 불편하게 한다. 그러면서도 너무 편했다. 남들의 시선과 업무를 떠나 이렇게 편하게 머리를 비어 본적이 언제였나 싶다. 편안한 마음으로 지내다 보니, 너무 잘 간다.

누어서 달력을 보니 2월1일이다. 시간이 참 빠르다. 어제 정도에 신년이라고 새로운 마음과 각오로 올해를 좀 더 한두 걸음 발전 는 계기의 해로 하자, 다짐한 것 같은데 벌써 한 달이 흐른 2월1일 이라니, 생각하니 인간의 시간이란 100년이던, 200년이던 결코 긴 시간은 아니라는 생각을 하게 된다.

명절이라 고향에 가는 사람들의 기분이 좋을까? 오랜만에 만나서 좋을까? 하는 실없는 생각도 해본다. 나의 경우도 가는 과정이 좋지, 막상 만나면 들어나는 가족 간의 갈등 때문에 마음이 개운하지가 않다. 삶도 과정

▲집에서 휴식을 취하는 필자

이 중요하지 어떤 목표의 그 결과가 중요한 것은 아닌가 한다.

인생도 이렇게 느끼는 이 시간의 행복이 중요하지, 그리고 이렇게 한가하게 느낄 수 있는 자유로운 시간, 마음이 쌓아지는 것이 그의 삶의 행복과 불행의 척도가 아닐까? 일말의 심적인 여유도 없이 눈물을 심키고 자신을 때리며 악착같이 어떤 위치에 올랐다고 그 인생이 성공한 인생일까?

남태평양의 원주민들처럼 맘대로 자고 맘대로 먹고 노래나 하다 가는, 가진 것은 하나도 없지만 늘어진 인생이 좋은가? 나는 다시 태어날 수 있다면, 다음 세상은 바다 옆의 편한 원주민처럼 재산은 반바지 하나인 인생, 그러나 부는 바람, 파도, 태양의 이글거림과 경쟁이 필요 없는 맥이 빠진 것 같은 느림의 하루에, 밤이면 불 옆에서 소리를 치며 노래를 부르고 사는 인생인 꿈이 없는 그런 생활 속에서 살다 가고 싶다는 부질없는 생각도 해보며 뒹굴었다.

마치 이곳이 한국판 남태평양 인양, 아니 그들보다도 안 움직이고 발만 까딱거리고 눈만 움직였다. 최대한 안 먹었다. 열 시간 이상을 그러고 있었다. 배도 고픈 것 같다.그 렇다고 뭘 먹고 싶은 맘은 없다. 문득 생각이 든다. "이것은 나의 지나친 사치다!" 이 지나친 사치를 얼마나 누려야 할까?

누구나 그러하듯 나는 자유를 좋아한다. 나의 속내를 잘 모르는 사람은 나의 외형만 보고 (좀 강하게 생긴 것 같음), 내가 자기의 성질 위주로 움직이는 줄 아는 사람이 좀 있으나 나처럼 상대를 존중하고 이해하면서 상대의 자유로운 생각과 행동을 바라는 사람도 적으리라 본다. 누가 나의 자유로움을 구속 하는 것 싫어하듯이 나 역시 되도록 상대의 자유를 구속하기 싫어한다.

이성관 역시 나를 싫어하는 사람을 따라다니기도 싫고, 어떤 이성과의 묘한 찬스가 있더라도 상대와의 합의 내지 인정이 아니면 어떤 행위 이상의 행동도 자제를 한다.

나는 상대를 자유롭게 좋아하고, 상대 역시 마음의 흐름으로 자유롭게 좋아해 주길 바라는 마음으로 본다. 나를 좋아하는 사람을 절대로 막는 기질은 아니니 좋아할 사람은 계속 좋아 해주시길 바란다,

이 좋은 자유!

자전거를 타니 요즈음 새로운 자유에 대한 생각이 든다. 자전거를 탈 때는 기분이 나면 전문적인 복장도 하지만 경기에 나가지 않고 자전거를 즐기는 사람은, 맨발로 타면 어떻고 핫바지를 입고 타던, 팬티만 입고 타도 어떠리. 나름대로의 편한 복장에 가고프면 가고, 서고프면 서고, 달리고 싶으면 달리고, 걷고 싶으면 걷고, 이런 자유를 새삼스럽게 느끼게 되었다.

만에 하나 마땅한 할일이 없고 무료한 시간에 삶의 의미를 못 느끼는 분이 있으면 자전거를 하나 마련하여 잘 닦여진 길을 달려보면 어떨까? 싶다. 그냥 무작정 아무 곳이나 달리면 삶의 의미도 달라지지 않을까~! 한다.

종로 3가 지하철에 그 시간을 무료하게 풀린 눈으로 무언가를 보며 시간을 보내는 그 많은 분들이, 어떤 복장을 하던 한강의 그 강변의 길을 자전거로 달린다면 얼마나 좋을까? 90이 넘던, 100살이 넘었던 자전거를 타고 전국의 일주를 하면 어떨까. 가다가 죽는 한이 있더라도 그 길이 인간으로 훨씬 좋지 않을까 한다.

차로 가는 것보다, 걷는 것 보다 자전거를 벗 삼아 전국의 산천을 누빈다면, 노후에 새로운 삶의 장이 열리리라. 나는 죽는 순간까지 삶의 기력이 있다면 가만히 멍하게 죽는 시간을 기다리지 않고 자유롭게 나의 삶을 살던지 어울릴 수 있는 짝을 찾아 같이 아니면, 나 혼자라도 조국의 산하를 10번이던 100번이던 누비리라.

100살이 넘어 흰 머리를 날리면서 자전거로 달리는 산천, 누구 미리 우리 100 살이 넘으면 이 작고 옹기종기한 대한민국의 산천을 같이 자전거로 나하고 같이 누빌 40대, 50대 없소이까? 남, 녀 불문 용기 있는 사람은 미리 나에게 신청 하세요.

●

독서

도꾸가와 이에야쓰라는 세계에서 제일 긴 장편의 소설을 봤다. 다 본 것이 아니고, 내가 이 상황에서 위안을 얻을 수 있는 부분을 찾아 4편의 책을 보았다. 내가 갖고 있는 책은 32권으로 되어있는 장서와 별도로 갖고 있는 10권으로 되어있는 전집을 갖고 있다.

나에게는 일본인 '야마오카 소하찌'의 이 책을 40여 년 전에 어떤 인연으로 읽고 그 받은 감동에 가슴 벅차했었다. 수백의 나라로 나누어 져있었던 일본의 중세기에 세 명의 영웅과 그들을 둘러 싸고 일어나는 각 성주들의 흥망성쇠, 그 섬세하고 예리한 인간상들의 대한 글로 흥했다 떨어지는 벗 꽃처럼 사라지는 무사들의 운명이 잘 그려져 있었다.

이 책에서 느낌은 우리가 삼국지라는 중국의 영웅들의 흥망성쇠에 대한 책과는 다름을 진하게 느낀다. 무겁고 둔탁한 중국의 청룡도와 종이도 벨 수 있는 예리한 일본도의 차이를 느낄 술 있었다.

뛰어난 역량으로 수백으로 나누어 졌던 일본을 통일 직전까지 갔으나, 직속부하의 반란으로 '혼노사' 라는 절에서 연기처럼 사라진 영웅의 이야기,

가장 밑바닥에서 자라고 커 오직 인간적인 면에 바탕을 둔 순발력과 처세와 머리로 일본의 최고의 권력자로 올랐으나, 임진왜란의 원흉이 되었고 결국은 자식 대에 끝난 영웅 이야기,

오로지 참고 견디며 자신을 단련시켜 결국은 일본을 통일시켜 메이지 유신까지 300여년을 이어간 영웅의 이야기,

이 책을 보면서 느낀 점은 왜 우리는 이러한 인물이 활동할 수 있는 터전이 없었고, 이런 정도의 인물이 우리의 조상에는 없었나 하는 진한 아쉬움을 느낀 책이었다.

그러면서 이런 영웅들이 있었던 일본을 이길 방법은, 천방지축 같은 다이내믹한 우리의 민족성으로 다양한 예측을 못할 방법으로 부딪칠 방법밖에 없나! 하는 생각을 갖게 한 책이었다.

30여 년 전에 보관용으로 장서를 구입해서, 간혹은 무엇인지 삶에 갈증이 나던지, 어려울 때는 꺼내 본다. 판단의 잘못으로 무수하게 사라져간 무사들의 운명을 생각하고, 어떤 생각과 사고로 나아가야 이 난세와 같은 세상에 우뚝 서 살아남을까? 하는 마음으로 나를 추스렸다.

어제는 무엇인가가 나에게 갈증을 일으켰다. 책상에서 밤 깊도록 늦게까지 읽었다.

가을

농장의 아침이다.

안개가 가볍게 깔렸다.
이곳이 나의 안식처요, 작전의 본부 충전소다.
시간이 나면 이곳을 어떻게 보기 좋은 곳으로 꾸밀까? 생각한다.

자연을 마음껏 누리게 해주신 신에게도 감사드린다.
마음을 평안케 하는 나의 성이다.

오늘 마음의 깃발 높이 올려
가을 하늘에 나래를 펼까 한다.
코스모스 바람에 날린다.

가을은 오면서 가나,

아침에 눈을 뜨고 거실에 나가본다, 거실의 넓은 창을 통해 농장의 전경 그리고 맑은 물이 흐르는 계곡과 멀리 계관산과 천황봉의 우뚝 솟은 모습이 보인다.

오늘은 9월 30일, 추석이 3일 남았다.

계절적으로나 10월은 가을이 성숙되는 달인데 창밖을 보니 "아하~" 간밤에 내렸던 가을비로 그렇게 15일을 넘게 그 환한 미소, 밝음을 대지에 뿌리던 그 약한 꽃대를 가을바람의 음률에 맞추어 춤을 추던 가을의 꽃 , 코스모스가 그 꽃잎을 밤비에 흘려보내 이 가을에 아침의 꽃이 초라하다.

내일부터 가을이 익어 가는데, 이 농장의 코스모스는 가을이 오기 전에 가을을 보낸단 말인가? 님이 오기 전에, 님의 부드러운 손길 가슴에 닿기 전에 그 따스한 님의 품 안아 보기 전에 님을 보내야 한단 말인가?

가을이 오기 전에 눈물에 이별가를 부르며 내년의 재회를 꿈꾸어야 한단 말인가?

원하던 원하지 않던 시간은 가는 것, 가는 시간 무엇이 급해 이리 오기도 전에 간단 말인가? 너의 그 야릿야릿하고 부드러운 아름다움 이 얽키고 설켜 있는 그 모습 아름다워 되도록 오랜 시간 너를 보고 즐거워하고 싶었건만, 그 무엇이 그리 급해 그 어느 님이 어데서 널 기다리기에 그리 급하게 갈 준비를 한단 말인가?

그 옛날 국민학교 시절 똥이 급하게 마려워 오로지 집에가 해결 하려고 뒤를 한손으로 막고 뛰던, 보이는 것은 하나 없고 집의 화장실만 보고 달리던, 그 급한 꼬맹이 적 마음처럼 너도 무엇이 그리 급하게 마려워 그리 급하게 뛴 단 말인가!, 가다 쌀까 봐 그리 마음 조린단 말인가?

"에라, 코스모스여~"

가다가 질퍽하게 그향 어느 곳이던 내려놓아라,

그 곳에 많은 꽃 피워라~

그 향 천지를 진동 시켜라~

가는 님 잡지 않듯이 가는 꽃 잡지 않으리라~.

커피

커피향이 아주 부드럽게 풍긴다. 점심을 먹은 후, 커피 잔을 앞에 놓고 그 향을 느끼며 가볍게 한 모금 마셔본다. 달콤하면서 부드럽고, 고소한 향이 입안에 가득히 느껴진다. 마음까지 편해지는 것 같다.

커피가 든 따뜻한 컵을 손으로 느끼며 잔을 보니, 갑자기 묘한 생각이 든다. 언제 부터인지 모르지만 식사나 술 한 잔을 하거나, 한가한 시간 아니면 무엇인가 생각하고 싶을 때 나는 커피를 습관적으로 마신다.

내가 자주 이용하는 고속도로 휴게소에도 예전에는 1,000원 짜리 커피가 주종을 이루었으나, 요즘은 양도 많은 메이커라는 커피 전문점이 하나 둘씩 늘더니, 가격도 2,000~5,000원으로 급상승해버렸다. 그래선지 고급스러워진 것도 같고, 맛도 좋아진 것 같아 별로 쉬고 갈 필요가 없어도 커피를 마시려 휴게소를 이용하기도 한다.

우리 어릴 적에는 밥을 먹고 나면 꼭 구수한 숭늉을 입가심으로 마셨는데, 이제는 한식 전문점에 가서도 밥을 먹고 드물게 나오는 숭늉을 마시고도 꼭 커피를 찾게 되는, 언제부터인지 커피는 우리의 필수품이 되어버렸다.

아랍인들이 즐겼던 차라는 커피, 유럽으로 넘어가서는 귀족들 신분의 자랑으로 마셨다는 커피, 두통, 혈액순환, 통풍, 천연두의 치료약으로 의사의 처방이 있어야 먹을 수 있었다는 커피가, 우리나라 사람 모두가 누구를 막론하고 즐기는 성인들의 제일가는 기호 식품이며, 우리가 살아가는 일상에서 없어서는 안 되는 품목이 되었으니 놀랍기만 하다.

친구하고의 대화에도, 일을 할 때도, 어느 것을 생각할 때도, 즐겁게 누군가와 대화를 할 때도 이 씁쓸 쌉쌀하면서 부드러운 맛과 향 때문에, 커피는 앞으로도 이 세상 사람들에게 많은 사랑을 받을 것이다. 사람들이 입맛과 정서에 맞으면, 이렇게 자연스럽게 어떤 문화에나 적응되고 좋아하게 되나 보다. 억지로는 절대 될 수 없는 일이다.

우리가 살아감도 이와 같지 않을까?

모든 사람에게 따뜻함을 주고, 부드러움을 갖고 있으며, 그 향기가 가슴에 스며드는 그런 인생을 산다면, 훌륭한 인생이 아닐까? 생각하며, 따듯한 커피의 온도를 손에 느끼며, 그 향을 코끝에 느끼며 한 모금 마셔본다. 기가 막히게 부드럽고 감미로운 맛이다. 목젖을 타고 흘러가는 그 맛, '황홀하다' 고 표현하고 싶었다.

한잔의 차가 이렇게 한 인간에게 즐겁고 가슴을 울리는 감흥을 준단 말인가! 다시 한 번 종이컵을 들어 많이 마시기에는 아까운 마음이 들어 조금 마셔본다. 역시 그 감미롭고 부드러운 맛, 그 향을 느낄 수 있고, 이 맛을 느끼는 내가 행복하다. 가슴 적시는 부드러운 향이 가볍게 코끝을 살짝 스친다.

고속도로를 빠른 속도로 달리지 않는다면, 눈을 지극히 감고 그 맛을 음미하고 싶었다. 기분이 좋다. 산다는 즐거움을 느낄 수 있다. 다시 컵을 들고 한 모금 조금 마시고, 그 맛과 향을 음미해 본다.

아까 휴게소에 들려 화장실에 갔다가 나오면서 가까운 거리에 메이커 커피 판매소가 있기에 무엇을 마실까? 하다가, 오늘은 '카페 모카'의 부드러운 맛이 느끼고 싶어 '카페 모카'를 주문했다. 4,800 원이었다. 휴게소에서 사서 앉아서 먹는 것도 아닌, 들고 가서 마시는 것인데 좀 비싸지 않은가? 하는 생각을 순간적으로 하면서, 호텔의 커피기 비싼 것은 자리 값이고, 이런 휴게소는 다른 공간인데 하는 느낌을 평소에도 갖고 있지만, 그 맛과 향이 믹서 된 커피와는 너무 다른 맛으로 다가오기에 나는 자주 이용하는 편이다.

'카페 모카'를 들고 와 컵을 놓는 홀더에 놓고, 고속도로를 달리면서 커피 맛을 음미했다. 오늘따라 그 맛의 깊이가 진하게 색다른 느낌으로 혀와 가슴에 전달되기에, 나는 기뻤다. 한 시간 정도를 달려 목적지에 도착했다. 오는 동안 그 맛과 향을 오랫동안 느끼고 싶어 조금씩 마시며, 그 부드러운 향에 취해 달리다 대전에 왔다.

점심시간이 조금 넘은 시간이었지만, 단골 식당에 갔다. 점심을 맛있게 먹고 나니 여주인이 "커피 한잔 드릴까요?" 묻는다.

"아니, 고속도로를 달리면서 너무 맛이 좋은 커피를 마시며 그 향에 취했기에, 향과 맛이 다른 값싼 믹스 커피는 싫네!" 했다.

"아니! 얼마나 맛있는 커피였나요~?"

"응~'카페 모카'였는데, 오늘 따라 그 맛과 향이 날 황홀한 기분으로 만들더군. 그 맛이 최고였지, 무슨 말로 표현하기가 어려울 정도로~!"

"아~! 그래요, 선생님! 그런 맛을 보고 어떤 분이 표현하기를 '행복의 맛' 이라 하더군요."

"행복의 맛이라니?"

"얼마 전에 저희 식당에 오신 한분이 음식을 다 드시고 말씀하시길 '이렇게 맛있는 음식은 첨이다. 이것은 행복의 맛!이다.' 라고 말씀 하셨는데요."한다. 나는 순간적으로 '그렇구나!' 라는 생각이 들었다.

어떤 음식을 먹으면서 그 맛에 가슴 벅차오른다면, 그 즐거움은 틀림없이 무엇과도 비교 할 수 없는 '행복의 맛' 이리라.

나는 오늘 '카페 모카'의 그 부드럽고 진한 맛에 가슴 벅차했던 '행복의 맛'을 맛본 날이다.

60이라 하기에는 아깝다.

농장에 간 김에 사진을 찍어본다.

이렇게 자주 찍어 카페에 올려놓으면 나중에 나의 역사가 되리라. 사진을 찍기 위해 포즈를 취하면서 생각해 본다.

내 나이 60이다.

이제는 어딜 가나 상대가 나이를 물으면 성큼 대답하기에는 좀 껄끄럽다. 나이가 많음이 자랑이 되는 세상도 아니고, 왠지 나이가 많음이 미안한 마음이 드는데, 왜? 일까 싶다.

▲천산농장에서 여유로운 필자의 모습

나름대로 세월이 갔기에 별 노력도 없이 그냥 받은 세월의 훈장, 나의 친구 하나는 어디 가서 상대가 나이를 물으면 싫어하고, 죽어도 60이라는 숫자는 말하기 싫다고 하면서 나보고도 나이를 상대에게 말하지 말라한다.

나도 생각해 본다. 내 나이 벌써 60인가! 하고, 60이라는 소리가 입에 오르락내리락 하니 무엇인지 많은 세월을 보낸 것 같고, 이제는 결코 가볍게 행동해서는 안 되는 무게를 느낄 수 있다.

간혹 차를 한잔하는 정도의 여인이 농담 삼아 "내가 노인네가 뭐 좋아서 이러는지 몰라, 호호~"하면 쓴 웃음이 절로 나온다. 상대가 노인이라는 소리를 하고, 내가 그 소리를 들을 정도의 나이가 60인가? 싶다.

앞으로 나의 꿈을 향해 적어도 20년은 전진을 할 나, 아버지도 80이 가깝게 현역에서 활동하는 걸 보았던 나이기에 자연스럽게 나의 활동을 세상의 흐름에 맞추어 볼 때, 적어도 90까지는 현역에서 열심히 활동할 수 있지 않을까? 생각을 한다.

겨우 60에 세상을 다 살고 달관하듯이 사는 사람이 많다. 즉 꿈이 없는 사람이 많다. 60에 세상을 다 놓기에는 너무 아깝지 않은가? 그동안의 세월의 흐름에 깨우친 여러 가지가 많지 않은가? 가지고 있는 식견이나 판단력 세상의 모든 것을 깊게 볼 수 있는 시야가 갖춰지는 것이 우리의 나이가 아닐까? 세상은 결코 젊음이의 패기로만 살수 없지 않은가.

우리도 젊은 날에 패기로 살다가
얼마나 많은 실수를 하지 않았나?
이제는 실수가 많이 줄어든 나이가 60이 아닐까?

나이를 말하지 않는다고
나이가 줄어들 것도 아니고

나이를 감추어 말한다고
없어진 젊음이 다시올수 있을까

그래서 앞으로 나는 결코 자랑스러운 나이는 아니지만, 나이를 깎아서도 비굴하게 낮춰서도 말하지 않고, 누가 물으면 싫으면 말 ,하지 않던지, 점잔하게 관록 있는 목소리로 말하리라~

"내 나이 60이라고 ~" 젊고 젊잖게 목소리로 말하리라!"

하지만, 60이라고 말하기에는 나는 아깝다, 내가~하 하 하~.

제2장
나를 바라보며

나는?

나는 간혹은 내 자신에게 행복을 느낀다. 누구의 간섭도 필요 없이 한잔을 할 수도 있고, 가고픈 곳이 있으면 갈수 있고, 주위에 격려해주고 좋아하는 사람들 많으니 좋은 것이고, 앞으로 갈 길이 있기에 나태해질 요인도 적고, 나를 싫어하는 사람보다는 밀어주는 사람 많으니 좋고, 크게 넉넉하지는 않으나 내가 쓸 정도의 충분한 돈도 있겠다. 그리고 평생을 투자 할 사업도 앞에 있고, 나를 사랑하는 아내와 아들도 있고, 만나면 웃으며 차 한 잔 마실 여인도 있으니, 이 또한 족하다.

그리고 청춘 못지않게 꿈을 꾸고, 추진할 마음도 있고, 체력도 있으니 좋다. 적당한 선에서 타협도 할 줄 알고 남도 도울 줄 알며, 자연을 좋아하고 또 동물도 좋아하니 얼마나 좋겠는가?

오늘도 술 한 잔을 하면서 서빙을 하는 아가씬지 아주머니인지는 모르지만, 젊은 여인이 직업의 귀천을 떠나 수십 번을 여러 가지 음식을 주문하고, 심부름을 시켜 짜증이 날만도 한데 얼굴 한번 찌푸리지 않고 모든 일을 다 할 때, 그 진지한 모습에 감동이 되어 적은 액수지만 열심히 사는 그녀에게 팁을 주고 나왔다.

이런 작은 것에 감동을 하고, 격려할 수 있는 내가 좋다. 친구사이에 신의와 의리를 잘 지켜 '의리의 사나이'로 불림도 좋다. 또한 모든 면에서 받는 것보다 줄 것이 많음에 무한한 감사를 하고 사는 것도 좋다.

그리고 사물을 넓게 보는 좁지 않은 가슴과 간혹 뛰는 가슴으로 오는 시간을 보내며, 내일의 할일에 가슴 벅차할 수 있는 내가 좋다. 주변의 어려움에 가슴 아파하며, 혹 도울 일이 없나 하면 되돌아 볼 수 있는 가슴이 있어 좋다.

그리고 부드럽고, 구수하고, 씁쓸한 맛의 커피에 취해 한 시간을 즐거워할 수 있음도 좋다.

한잔 후, 새벽 한시건 두시건 자유롭게 책상 앞에서 만끽할 수 있는 시간의 자유로움도 있고, 공간도 있음에 좋고, 가고프면 언제나 가면 반겨주는 아내와 아들이 있음을 감사한다.

이렇게, 이렇게 흐르는 밤의 흐름에 들리는 차 소리와 창 너머로 보이는 밤의 불빛을 조용히 호흡을 조절하며 볼 수 있는 나이기에 좋다. 간혹은 밀려오는 앞날의 불안감도 음식의 양념으로 여길 수 있는 뱃장도 있어 좋다.

허~!, 이러고 보니 나는 그래도 봐줄 만한 인간인가?

세상을 살다보면 마음대로, 뜻한바 대로 흘러가는 것보다는 생각지 않은 문제가 생기는 경우가 많다. 일이 생각대로 일이 진행이 되지 않으면, 나는 가만히 앉아서 생각을 하는 것 보다 차로 고속도로를 달리며 쭉 펼쳐진 도로와 그 곁을 스치는 자연을 보면서, 보이는 하늘을 보면서 .해결책을 찾는 경우가 많다.

생각을 해도 대부분 뾰쪽한 해결책은 적고, 차선의 방법과 행동으로 부딪치며 해결하는 방법이 제일의 방법이 아닌가 싶다. 살아있기에 끊임없이 여러 가지의 일들이 밀려닥치고, 나름대로의 길로 해결하면서 살아가는 것이 우리의 삶이 아닌가?

자연의 위대함에 비하면 우리야 스쳐가는, 느릴 수도 있지만 그것은 순간의 느낌이고 너무도 빨리 가는 시간의 급행열차에 타고, 눈을 감았다 뜨는 순간에 한 평생, 세월의 허무에 젖어 그리 주변을 보고 미워도 하고, 예뻐도 하고, 즐거워도 괴로워도 하면서, 웃기도 울기도 하며, 간혹은 열을 열심히 내며 사는 것이 우리의 아니 나의 삶이 아닌가?

사람이란 다 다르다, 다르기 때문에 좋은 것이라 본다. 생김이 달라서, 남녀의 차이나, 세월의 차이나, 옷차림의 차이도 달라 좋은 것 같다, 획일적인 사고를 강요받고, 자신의 감정을 무시하고 오로지 명령에 따라야만 하고, 같은 복장을 하고 살아야 하는 군대라는 것이, 만일 우리의 사회라면 얼마나 답답하고 불안정하고 짜증이 나는 세상일까?

강압적이고, 획일적인 사고를 강조하는 사회가 건강하고 튼튼한 사회로 보이지만, 역사를 보면 강하게 힘으로 개인을 무시하고 밀어부지는, 사회나 국가는 언제나 나중에는 유연한 상대에게 지게 되어 있는 것이, 이 우주의 진리인가 보다. 인체도 보면, 단단한 뼈나 이빨도 닳고 약해 뿌러

지는데, 부드러운 혀는 죽을 때까지 가장 기능적으로 완벽에 가깝게 존재하는 것이 아닌가 싶다.

어떻게 하면 모든 것을 부드럽게 감싸 안을 수 있는 마음과 더 멀리를 보고 나 나름대로의 길에 한 걸음씩이라도 보태는 시간을 보내, 후회 적은 인간의 삶으로 갈까 하는 마음은 무엇일까? 하며 밤의 시간을 보낸다, 술이나 여자로 어떤 즐거움을 통해 얻는 마음의 만족은 길지도 않을 뿐만 아니라, 달콤한 것 같지만 실은 달은 것도 아닌 것 같다.

산다는 것은 끊임없이 가고, 도전하며 변화하는 것일 진데, 나의 변화는 무엇이고, 그 길은 무엇일까? 생각하며 보내는 밤의 시간이다. 낮에는 보이지도 않던 불빛이, 밤에는 아주 밝게 어둠속에서 빛난다. 저 많은 빛 중에서 나의 불빛은 과연 무엇일까?

나의 애마는 '랭글러 지프'이다.

오늘은 산사태가 나고 난 뒤, 한 번도 올라가 보지 못한 농장 한쪽에 있는 부처님을 모신 곳까지 좀 무리한 부분이 있으나, 무시하고 지프를 타고 올라가 보기로 했다.

그리고 차를 지프로 바꾼 뒤, 처음으로 농장의 산길을 둘러 볼까? 하는 생각을 했다. 지프, 승용차를 타다가 지프로 바꾸고 나서 한동안 후회를 많이 했다. 모든 것이 자동으로 제어가 되고, 쾌척한 공간을 주던 대형승용차를 팔고 지프를 타고 나니, 오는 그 불편함, 모든 것이 수동, 좌우간 미국인들이 만든 차의 특징인 힘은 있지만 모든 면이 우리나 일본인들이 만든 것과는 다른, 좀 멍청함이랄까 답답함을 느낄 수 있었다.

차를 지프로 바꾼 멍청한 선택을 나의 판단으로 했기에 누구도 원망할 수 없었기에, 벙어리 냉가슴 앓듯 속으로만 끙끙 됐다. 지동 세차도 안 되기에 내가 간혹 차도 닦고, 수동으로 모든 부분을 일일이 작동하게 되었고, 묵직한 엔진 소리가 귀에 익어 가니까, 차에 하나, 하나 나의 손때가 묻어가니 굽은 나무가 선산을 지키듯, 별 생각 없이 가볍게 만나 여인이 진정한 가치를 지닌 보배로운 여인이듯이, 나와 교감이 가는 듯한 애마로 바꾸어지는 것이 아닌가!

애마 지프에 푹 빠져 요즈음 복장은 정장을 한 번도 입지 않았다. 자연스럽게 청바지를 상용하게 되었다. 그래서 그런지 나보고 훨씬 젊어졌다고 말하는 분들이 늘었다. 편하게 풀어진 마음으로 생활을 하면 생존을 할 수 없는 업을 하는 나이기에, 적극적으로 도전을 하고 전진을 해야 살수도 있고, 나갈 수도 있는 나이기에 가슴에 도전정신을 넣어야 하기에 겁도 나고, 위험도 있었으나 나 홀로이기에 과감하게 경사도가 많은 농장의 산을 일부 돌았다.

최대한 조심은 했다. 도전 정신은 있어야 하지만, 무모함이 아닌 안전이 보장된 길을 가듯이 최대한 조심하며 안전하게 산을 지프로 돌았다. 만일 옆에 누가 탔다면 진땀깨나 흘렸겠지만, 혼자이기에 무리를 맘 놓고 할 수 있었다.

농장을 한 바퀴 돌고나니 기분은 좋았다. 아직까지 어느 정도 위험에 도전을 할 수 있는 정신이 있는 것 같기에 내 자신이 나에게 흐뭇했다. 이런 도전의 정신이 있는 한, 나는 청춘이 아닐까?

산악회 회원들하고 좀 과할 정도로 한잔을 했다. 자리를 옮겨 2차를 하려고 하는 분이 있었으나 크게 더 마시고 싶은 마음도 없고, 이 정도면 과할 정도로 마셨기에 머뭇머뭇 거리며 뒤에 남아 있다가 그들이 다 간 다음에 식당에서 나왔다.

천천히 걸었다. 매번 느끼지만 한잔 후 늦은 봄날의 밤을 취해 건노라, 면 부드럽고 감미로운 기분으로 쌓여 기분도 좋으면서 왠지 얼굴에 닫는 바람도 가슴을 어루만지며 부는 바람 같아 깊게 음미가 된다.

걷다가 보니 커피 전문점이 보인다. 들어가 내가 좋아하는 커피를 주문하고 부드러운 빵을 샀다. 커피, 따뜻하고 감미로운 맛을 오늘 컴 앞에서 그 향에 취하고 그 맛에 취하여 천천히 그 맛을 음미하며 글을 쓰면서 마시면 한두 시간은 더 없이 즐거우리라.

빵은 남겨 내일 아침에 부드러운 맛을 자고 일어난 후에 깔깔한 입맛에, 세수도 하지 않고 침대에서 편한 마음으로 그 맛 즐기며 하루를 꿈꾸면서 먹으려고 책상 옆에 놓았다. 마음에 평화도 안정도 내가 만드는 것, 평온하고 평안한 마음으로 오늘 이 밤을 느끼고 보내려 호흡을 편하게 조절해 본다.

기분 좋게 마셨던 오늘의 술친구들을 생각해본다. 남자나 여자를 떠나서 우리는 마음이 가는 사람과 나이는 먹었으나, 전혀 인간으로 단련이 되지 않은 사람들을 볼 때 심히 가슴이 아프지만, 어떠하랴! 싶다, 자신의 길을 단련을 시키지 못하고 세월만 보내, 이제는 자신의 아류에 젖어있는, 그 누구도 도저히 바꿀 수없는 사람들을 볼 때 자신의 세계에 갇힌 사람들을 볼 때, 가슴에서 한번 정도 큰소리를 하고 혼내고 싶으나, 참음의 흐름을 느껴야 하고 그 정도는 넘어야 그 보다는 넓은 시야로 사물과 인생을 볼 수 있기에. 아직은 참는데 고통이 있는 덜 단련된 가슴으로 참자니, 그 고통이 오지만 세상에 자기가 하고 싶은 대로 감정을 표한하면, 이 인생의 패배자 아니면 갈 곳은 세상과 격리된 세상의 감옥 같은 것 밖에 더 있을까? 생각한다.

인간이기에
적은 감정의 흐름에 분노도 느끼지만
그래도 아직은 살 만한 것이 인생이기에
넓은 가슴을 흉내내 내 것으로 만든다면
훗날 내 가슴도 그 누구보다 더 넓고 많은 것을 안을 수 있는 인간으로, 마음으로, 가슴으로 살 수 있지 않을까?

깊어가는 밤이다,
왠지, 그 무엇인가가 그리운 깊어가는 기분 좋은 봄의 밤이다.

오월도 중순, 짙어지는 초록들이 상큼하다. 그 위에 봄바람이 푸른 나무를 흔들고 있다. 낼부터는 짙은 황사가 온다지만, 오늘은 하늘이 푸르다. 농장 아래에 있는 배 과수원의 부지런한 아저씨는 벌써 나무에 약을 치고 있고, 그 넘어 88고속도로에는 차들이 흐르듯 가고 있다.

말이 고속도로지 왕복 이차선이다, 산 너머에 지금 차선을 넓히는 작업을 하고 있기에 1, 2년 안에 고속도로를 그쪽으로 옮길 예정이다. 고속도로를 옮기면 이곳의 모든 것이 달라지리라. 시야가 넓으면서 먼 산으로부터 모아지는 흐름이 있기에, 좀 높은 위치에 있는 농장에서 창을 통해 밖을 보면 상쾌함이 많다.

오늘 해야 할일을 생각해본다. 밖에 일 몇 가지가 얽히고 설켜 있다. 머리가 좀 복잡하다. 나의 어떤 판단이 요구되는 일도 있고, 시간이 해결할 일도 있다. 조금 후 식사를 끝내고 대전에 가야겠다. 밖의 일이 나를 농장에서 편하게 있게 못하는 상태다.

시간이 남아도는 사람도 많으나, 나에게는 시간이 좀 모자람이 많다. 하기에 조금이라도 남는 시간은 나를 위해 알뜰히 최대한 나의 위한 시간으로 쓰길 위해 노력한다. 열심히 일하고 취하는 짧은 휴식이 맛있듯, 자투리를 통해 얻는 즐거움 또한 크다. 이런 사정을 모르는 남들은 간혹 나를 놀기만 하는 사람으로 보는데, 나 무지 바쁜 사람이다. 항시 4~5가지의 일들이 날 기다리니까.

무료히 시간을 보내느니 바쁨을 택했던 나의 성격이, 나를 좀 바쁘게 만든 것 같다. 대전에 가서 머리가 아프더라도, 바쁘더라도 지금은 나의 휴식 시간이나 같은 시간이라 내 주위의 자연을 눈에 넣고 가슴에 넣고, 또 대전으로 가는 고속도로 곁의 새롭게 달라지는 초목의 색 즐기면서 천천히 가리라.

이렇게 주어지는 짧은 시간 속에서 평화와 행복을 느끼고 사는 것이, 좋은 시간이 아닐까? 한다. 등산을 하더라도 꼭 정상을 목표로 하는 것도 좋지만, 그 걷는 과정에서 자연의 아름다움을 볼 수 있는 눈과 가슴이 마치, 히말리아 어느 정상의 얼음과 눈 속에서 찍은 고통의 사진보다도 좋다하면 안될까? 주어진 오늘 하루, 나 나름대로 보내기 위해 심호흡하고 먼 하늘을 본다.

올해에 수필집을 한편 내려한다.

삶을 살다 보니 그때그때 느껴지는 여러 가지의 상태의 감정의 기복을 많이 느낀다. 이런 감정의 느낌을 저녁까지 갖고 있다가 저녁에 그때의 순간적인 기분을 생각해 내어 글로 남긴 것이 책을 몇 권 내도 될 양이다.

몇 년 전에 책으로 내기도 했고, 몇몇 문학지에도 글을 실었지만 그래도 독집을 갖고 싶었다. 내가 꼭 작가여서가 아니라 이 인생 살아가면서 느끼는 여러 가지와 그래도 남에게 이야기 해주고 싶은 것들을 글로 표현해서 남들에게 보여주고 싶다, 내가 이 세상을 떠나고 나면, 그래도 글은 오래오래 남을 것 같기에~.

나는 간혹 뜨는 아침 해를 보고 감격을 하고, 지는 해를 보며 삶의 아쉬움을 느끼고, 하늘에 떠있는 구름에 꿈도 실어보고, 부는 바람에 황홀감을 느끼기도 하며, 내리는 비에도, 함박눈 내려 하얗게 바꾸어지는 세상에도 삶에 대한 고마움도 느낀다.

살다가 가는 모든 것에 대한 아쉬움과 이 자연의 보이지 않는 어떤 힘의 이치에 새삼 적어지는 인간의 모습을 느끼기도 하고, 여행을 통해 느끼는 인간이 만드는 자연과의 조화로움에 이 인간의 오묘한 역량과 능력에 감탄하기도 한다.

꽃피는 봄과 지저귀는 새소리와 여름 녹음의 절정에 한없이 감격해 하며, 단풍의 산의 아름다움에 걸음이 멈추어지며, 눈 내린 겨울에 삶의 고마움에 눈도 감아본다. 잡은 여인의 손의 부드러운 감촉에 살아있음의 느낌에 기분 좋아하고, 자식을 보며 그 따뜻한 보람에 미소도 지어보며, 마시는 한잔 술에 살아있음의 축복을 외치기도 한다.

어렵고 힘든 인생의 여정일수도 있지만. 어느 분들에게는 고통과 고난의 시간의 흐름일수도 있겠지만 우리가 산다는 것은, 소리 높여 노래할 수 있는 시간일 것이다.

나는 내 삶을 노래하고 싶다, 힘들고 어두운 부분도 있겠지만, 어려운 부분은 시간의 흐름과 같이 잊어버리고 밝은 부분을 기억하고 좋은 부분을 노래하며 살고자 한다.

나의 길은 아직 멀었는가?

아~ 나의 길도 아직 멀었는가?

가슴이 무거웠으니 산은 옛 산이로되, 물은 옛 물이 아니어라~ 라는 노래가 생각난다.

옛 산과 옛 물,

나 같은 경우는 직업의 특성상 새로운 물을 만나거나, 혹은 만들지 않으면 조직이 존재하기가 어려운 일을 하고 있다.

사람은 보면, 어느 정도까지는 열성적으로 나아갈 수 있으나, 어느 시점에 가면 나태와 편함이 스며들어 나아가는 패기를 없앤다. 현실에 자꾸 안주하려는 조직을 어떻게 하면 능동적으로 움직일 수 있을까?가 내가 항상 생각하는 화두다.

나 역시 편하고 싶고, 익은 환경에서 그럭저럭 보내고 싶으나, 안주하면 앞으로 나아갈 수 없다는 것을 잘 알기에 웃기 싫어도 그냥 웃다 보면 저절로 미소가 나올 수가 있듯, 싫어도 움직이다 보면 부드러워지고 또 그 속에서 탄력도 받을 수가 있다. 이런 인생이 진정한 삶이기에 순수와 열정의 눈으로 보고 그 속에서 즐거움도 찾을 수 있지 않을까? 한다.

나는 앞으로 나아갈 때는 열심히, 쉴 때는 편하게부담 없는 분들과 같이 하려 노력한다. 그러기에 술을 좋아하는 나는 술만은 즐겁게 나를 위한 자세로 마시자, 하고 먹는다. 즉 이 술은 나와 이 술자리의 내 벗들의 건강과 행복을 위한 술이라 생각하고, 술잔을 높이 들고 유쾌히 마신다, 그래서 나는 기분이 안 좋으면 마시지 않는 것을 원칙으로 하고 있다. 그런 생각을 가지고 마시기에 그동안 나는 지금까지 숙취에 고생해본 경우가 적다.

항상 반걸음이라도 나아갈 수 있는 삶은 주위와 더불어 웃을 수 있는 삶은 하고 살고 있다 할 수 있으나, 엊그제 자존심을 건드는 아주머니에게 참아야 했지만, 주변이 다 듣도록 큰소리로 혼내 주었으니, 혼내고 화를 내고 돌아오는 발길이 나보다 약한 자를 꾸짖은 미련함에 무거웠으니, 나의 길은 아직도 멀었단 말인가?

마음이 답답하다. 어느 사람에게 어떤 말을 하려해도 그가 나의 말을 알아듣기가 어려우리라 생각되어 말을 하려다 말고 혼자 속으로 삭히려 하니 심히 답답하다. 가까이 있는 사람과의 답답함, 젊어서야 열정이 있기에 결과가 어떠하던 내 식으로 갈 수 있었지만, 지금은 상대의 답답함을 어떻게 보기 좋게 마음을 다스릴까를 생각하니, 세월의 흐름인가? 인생의 달관인가?

하나의 사물을 볼 때, 그 보는 눈에 따라 그 결과도 너무 다르다는 것, 그러기에 우리 인간은 같은 시간을 보내고, 비슷하게 먹고 있지만 그 삶의 결과는 차이가 날 도리 밖에 없다. 모든 사물을 왜? 라고 보고 사는 삶의 방식보다는, 돼지처럼 즐기며 머리로 생각하지 않는 삶이 훨씬 편하겠지. 100살 이상을 계획하며 생각하는 나로서는 당장 코앞의 계산에만 능한 사람의 식견을 답답해하는, 나는 뭐 좀 트이고 넓은 인간인가를 또한 생각한다. 내 삶에 뚜렷한 발자취를 남기고저 하는 나의 삶에서 가장 현명한 길은 생각도 해본다.

며칠을 정신없이 보냈다.
화가 나는 일이 많았어도 별로 화내지 않았고
술 마실 일이 많았어도 소주 1~2 병으로 끝내고 더 이상 먹지 않았고
글을 써야겠다고 느끼면서도 컴푸터 앞에 앉기가 싫었고
며칠을 혼자 자도 그 무엇 하나 그리운 것이 없고
머리에 앞날에 대한 사념만 꼬리를 물고 떠오르니
이것이야 말로
그 옛날 좋은 세월 다 보낸 노인이 겨울에 따뜻한 양지에서
꾸뻑꾸뻑 졸듯이
봄날을 다 보낸 내 청춘의 모습이 아닌가 생각한다.

앞으로는 '봄날은 간다.' 라는 노래보다
내 청춘을 돌려다오 라고 노래할까?
하나 그 노래를 누구보고 들으라고 불려야 한단 말인가?

요즈음 차가운 물보다 따스한 물이 좋고
옛날에 냉수로도 목욕을 했던 내가
찬 물로는 세수도 못하겠으니 정말 나는 봄을 보낸 사나이가 맞습니까?
내가 내 마음에 묻는다.

난관을 넘는 의지의 사나이로

나는 생활을 하면서 많은 좌절감을 맛본다. 나에게 꾸준히 밀려오는 어느 문제에 어떤 방법으로나 해결책은 떠오르지 않고 해결할 수 없기에, 문제를 묶어 두거나 일시적으로 회피를 택할 때, '아 나는 무능한 자인가!' 하는 느낌을 강하게 받는다.

지금, 몇 가지의 문제점이 나에게 파도가 뱃전을 때리듯이 밀려와 철썩거리고 있건만, 아무리 머리를 굴리고 짜 보아도 어떤 해결책이 떠오르지 않아 시간이 흐르면 어떠한 방향으로든지 해결의 실마리가 나오겠지 하며 시간에 문제를 맡기고, 시간이 해결해 주기를 바라는 인물이 나다.

그래도 좌절의 흐름이 나에게 오면 앉아 죽기보다는, 뛰다 쓰러지는 것을 택할 나이기에 새로운 전진의 방향은 하고 새롭게 나아갈 방향을 찾는다. 갖고 있는 기질이 난관에 강하고 미래에 대한 낙천적인 기질이 있기에 무력감이 엄습해 와도 허공을 보고 웃거나, 씩 하고 미소를 지음으로 어느 정도는 잊을 수 있도록 나를 연마한다.

하기에 어느 문제가 생기면 대부분의 사람들은 가족에게 털어 놓거나 의논을 하지만, 나는 좌절감을 느낄 문제가 나에게 오면 주위에 별 상의를 하지 않는다. 진정한 고통이나 문제는 남에게 말한다 해서 해결이 되지 않음을 많이 느꼈기에, 그리고 문제의 어려움은 내가 넘겨야 한다는 생각과 항시 신은 나에게 넘길 정도의 어려움을 줄 뿐이다,라는 생각과 정말 어려우면 시간에 맡겨 해결책을 찾으려한다.

마음의 다짐을 이 정도에 난관에 쓰러질 작은 운명을 갖고 태어나진 않았겠지? 하는 나에 운명에 대한 묘한 자만으로 넘긴다. 지금도 2~3 가지의 문제가 좌절감으로 포장 되어 내 주위를 감싸고 있다. 세 명의 적이 칼을 들고 나를 감싸고 있는 모양인데, 공포에 질려 주저앉거나, 비명을 지르지 않고 눈을 바르게 뜨고 평온한 마음으로 정면을 주시하고 용기의 칼로 양옆을 치고 전진하여 문제를 정면으로 내리치고 앞으로 나가리.

오라, 좌절감이여!, 내 능히 너를 타고 넘으랴!

공포에 질려 내지르는 헛소리 인지, 평온의 마음으로 뱉는 의지의 소리 인지는 모르겠으나, 좌절감의 문제, 그냥, 그냥 문제없이 넘기고 또 오면 또 넘으리라. 나는 좌절감의 바다를 항해 하는 하나의 선장이다.

내가 생각해도 나는 간혹 무모함이 있는 행동을 한다. 이번의 사무실 준비도 내가 하고 있는 업종의 만성적인 불황의 연속이기에 대부분이 투자를 꺼리고 규모를 축소시키는 시점에 많은 이들이 이제는 규모를 줄이고 한가롭게 여행을 하거나 취미를 즐기는 생활을 하라고 권하는 시점에 새롭게 사무실 열려고 직원들과 며칠 정신없이 일을 했다.

오랜만의 육체적인 활동과 하루 종일 끊임없이 몸을 움직이며 일을 해야 하기에 저녁에는 피곤이 쌓여가지만, 매일같이 같이 고생한 직원들을 위하고 나도 즐거움을 위해 연속으로 술을 마신다. 하기에 저녁에는 푹 잘 수 있나보다.

이번 사무실을 오픈하면 성공의 승률은 지금 시점에서는 제로이다. 하나, 내가 직접 뛰어들어 직원을 양성시키고 적극적으로 옆에서 지원을 한다면, 아무리 불경기의 골이 깊다 하더라도 까짓 것! 못 뛰어 넘을까, 하는 생각으로 준비하고 직원들을 독려하며 나아가고 있다.

일을 끝내고 한잔을 하고 임시 거처에 들어와 누어 생각하면, 앞으로의 모든 일이 깜깜하다, 직원도, 그에 따른 계획도, 운용의 흐름도 모두 어둠이다. 단, 나의 도전적이며 합리적인 사고가 있기에 해볼만 하다고 생각하는 가? 보다.

내가 만든 나의 앞에 놓인 일, 탐험가가 모험을 즐기며 목표를 성사시키듯. 이 미로 같은 앞날을 과정을 즐겨가며 하나, 하나 해결해 끝에는 웃으리라.

어차피 주어진 인생 , 피하지 못할 바에는 즐기는 것 아닌가!

나의 주장

성을 사고파는 여자 창녀, 그들이 집단적으로 생활하던 곳이 전국 방방곡곡에 있었는데, 지금은 전국의 대부분이 없어졌다.

우리나라에서 어느 날 갑자기 창녀라는 직업인들이 단체로 달나라에 갔는지? 좌우간 없어졌다. 우리 젊은 날, 친구들끼리 재미로, 단체로, 가보고 그 허탈감에 어찌할 줄 몰랐던 날들도 있었고, 전방에 근무하던 장병들의 일부는 그 젊음 넘치는 것을 휴가 귀대 시 활용, 자대에서 무용담으로 이야기 하던 전설이 있던 집창촌.

자기의 여자가 없거나 있더라도 어떤 문제가 있을시 아주 쉽게 배출을 하던 곳, 돈만 주면 아주 쉽게 남자의 욕구를 배출 하던 곳, 그런 곳을 '성매매 금지법'으로 없애버렸다. 그 많던 그 여인들 다들 어디로 갔을까?

어쩔 수 없이 이런 여인들을 이용했던 남자들은 어떻게 그 본능을 챙길까? 아니면 어느 날 갑자기 그 본능이 없어진 착한 사나이들이 되었단 말인가? 요즘 어린이에게 평생의 상처를 주는 있어서는 안 될 '아동 성범죄'가 하루가 멀다 하고 생겨난다. 아주 강력히 법의 심판을 한단다. 그러면 그 범죄가 없어질까?

성범자에게 거세를 시키고 또는 사형을 시키면 '아동 성법죄'가 없어질까? 영화 '실미도' 에서도 보면 그 본능 어찌하지 못하고 죽을 줄 알면서도 강간을 하고 처형을 당하는 장면이 나온다. 고통을 요구되는 훈련 속에서도 본능의 욕구는 살아 있는 것 아닐까? 물론 성범죄자들을 변호하자는 것은 아니다, 다면 이 인간 세상에는 본능을 어떠하던 처리하려는 참을 줄 모르는 사람들도 분명히 어디인가는 분명 있기 때문이다.

이들이 자연스럽게 본능을 해결할 수 있는 창녀촌을 만드는 것 또한 평생의 무거운 상처를 안고 갈 아동을 몇이라도 구원할 수 있는 방법의 하나가 아닐까, 생각이 든다.

우리가 아무리 법으로 누르고 처벌해도 과연 매춘이 없어질까? 그런 국가가 있을까? 그렇게 무섭게 처벌하는 아랍계 국가에도 존재하는 것 아닌가? 본능에 어쩔 즐 몰라 하는 우리의 못난 남자들의 일부들 위해서, 우리가 보호하고 아껴야 하는 나의 여자 또는 어린 우리의 사랑스런 여아들을 위해 어느 일정한 구역을 선정 '집창촌'을 만들어 자연스럽게 그들을 보호하고 전국의 매춘여성을 단속이라는 미명아래, 주택가에 퍼트려 누가 누군지를 모르게 하는 우를 범하지 알고 '집창촌'을 세우자. 그리고 이용할 사람 이용하게 하자.

그는 호전적이다, 무지막지한 공갈과 칼과 심지어는 도끼까지 휘두르고, 오로지 몇 십 년을 싸움만 배우는 막가파 비슷한 인물이다, 이런 동생을 둔 나는 그 동생을 꾸짖고 혼내거나 돈도 주고 칭찬으로 달래기도 하고 산다.

피를 나눈 형제기에 끊을 수도 없고, 어려가지 여건상 먼 곳으로 이사를 보낼 수도 없다, 그가 친하게 어울리는 사람은 자칭 그의 같이 노는 형이라는 중씨와 쏘씨가 있는데, 이 이웃들도 나하고 친한 사람들과는 사이가 좋지 않다.

그동안 몇 년 용돈도 주고 살살 잘 달래어 잘 지내 왔으나, 우리도 먹고 살기 어려운데 동생을 먹여 살리느냐는 강력한 집식구들을 견제 때문에 집안의 살림살이의 권한을 집식구들에게 빼앗겼다.

나한테 경제권을 빼앗는 아내는, 내가 동생에게 주던 용돈도 주지 않고 '한번 싸워 볼까?' 한다, 그 동안 집안에서도 깡패 동생에게 안 당하려고 열심히 태권도 도장을 다녀 단을 땄으니 동생을 무력으로도 잡을 수 있단다.

큰일이다. 가뜩이나 기질이 좋지 않은 동생, 눈에 핏대를 올리고 한판 하자고 벼른다 한다.

문제다. 성질 더러운 동생이 만만히, 호락호락 넘어가지는 않을 텐대, 같이 싸우면 아무리 운동을 열심히 했다 해도 맞고 쓰러지는 정도가 아니라 집식구도 큰 부상을 당할 것 같다.

이 어려운 시국에 어떻게 돈도 안 벌고 먹고 산단 말인가. 형제간에 머리가 피터지게 싸우면, 이웃 사람들이 형이 똑똑하다 구 칭찬을 할까? 아니면 잘 혼낸다고 격려를 보낼까? 우리하고 친한 미씨 끝까지 뒤를 봐줄까? 동생하고 싸우다 큰 부상 당하면 끝까지 치료도 해주고 먹여 살려줄까?

사람의 마음을 달래고 내편을 만들려면, '용돈 안 준다. 너 돈 아쉬운데 내말 잘 들어라.' 해야 깡패 동생이 말을 잘 들을까? 그동안 내가 도장에 다니면서 힘 좀 키웠으니, 너 맞아볼래 해야 된단 말인가? 공갈이 칭찬보다 깡패 같은 인물을 다스리는 방법이란 말인가?

이 더워지는 여름날에 꼭 핏대를 올리고 열을 내 치고 받고 싸워야 된단 말인가? 옛날 여름 복날에 개 패 잡듯이 때려잡아야 한단 말인가?

그 힘 좋은 깡패 놈이 그냥 맞고 있을까? 요즘 칼도 갖고 다닌다 는대, 서운해 한판 벌리려고 벼르고 다니는 저 깡패 동생을 무엇으로 어떻게 달랜단 말인가?

나를 바라보며

나는 내 자신이 어떠한 어려움이 있고 무엇인가가? 힘들다 느낄 때는, 일을 만들어 자신을 좀 더 어려운 위치로 놓는다. 싫어도 움직여야 되고 머리를 쓰지 않으면 안 되는 좀은 버거운 상태로 나를 올려놓아서, 좀 더 긴장을 하고 좀 더 정신적으로나 육체적으로 나 자신을 자극한다.

되도록이면 긍정을 말하고, 긍정적으로 오늘을 살고, 내일을 보려고 한다. 비겁하게 살기에는 인생은 짧고, 찌푸리고 살기에는 인생은 아깝다고

▲ 농장에서 바라본 저녁노을

느낀다. 힘들고 어려워도 지나는 시간 속에서 적은 자투리의 시간에서라도 여유와 즐거움을 찾으려 노력한다.

짤막한 순간의 흐름에도 즐거워 할 부분은 있는 것, 그 순간을 간혹은 즐긴다. 한 잔의 커피에도 즐거워 황홀해하며, 타고 가는 기차의 창밖에 흐르는 풍경에도 즐거워한다. 장기간 운전에도 주변의 경치를 보며 그 풍경에 인간의 즐거움 삶으로 음미한다.

스쳐 지나는 어린이와 여인의 미소에 즐거워하고, 나 또한 남에게 미소를 주는 걸 좋아한다. 역경 속에서도 밝음을 보려하고, 남에게 짜증을 내고는 바로 후회도 한다. 나를 희생하면서 타인을 도우려 하지는 않지만, 내가 조금만 양보하면 상대가 좋아진다거나 행복해 할 수 있다면 나를 유지한 체 그 길을 간다.

한 번씩은 약자에게 내가 도와주고 해줄 수 있는 최선의 방법은? 하고 생각한다. 단, 내가 무리한 손해를 보면서까지 하지 않는 속물근성도 많다. 내식으로 멋 내기도 좋아하고, 이왕이면 색깔이 있는 삶으로 멋지게 살려한다.

항시 나는 가치 있는 귀족 같은 인물이다, 생각하면서 가볍거나 미천한 행동은 하지 않는다. 되도록 남을 뒤에서 욕하거나 흉보지 않으려 노력하고, 남이 보던, 안 보던 신사적인 행동을 하려 노력한다. 대화가 통하는 상대와 술 마심을 삶의 행복과 축복으로 생각한다.

어떠한 신인지 모르지만, 신의 축복을 듬뿍 받는 인간이라 느낀다. 앞으로의 인생도 되도록 많은 사람에게 내가 줄 수 있는 밝음을 주고 싶다. 내가 있으므로 주변에 평안함을 주고 싶다. 좁고 편협한 마음이 아닌 넓고 따뜻한 마음과 식견을 갖은 지혜로운 인간으로 살아가고 싶으며, 아무리 어려워도 웃을 수 있는 여유로운 마음의 소유자이길 바란다.

부는 인생의 바람, 높은 파도에도 가슴 펴고 떳떳이 평정심을 유지하며 길을 찾고, 결국은 웃는 자이기를 바란다. 무심한 마음으로 간혹 하늘을, 아니 우주를 바라보며 미소를 지으며 웃고 여러 부분을 배우는 자세로 노력하며 살려한다.

파도를 한번 넘겼다 한들, 뒤에 파도가 오는 것을 모르던지 뒤의 파도를 못 넘김은 또한 역부족이라고 생각을 자주한다. 아무리 좋은 흐름을 넘겼다 하더라도 그 뒤에 올 수 있는 높은 파도를 경계하는 마음으로 보낸다.

꽃의 아름다움은 한때다.
즐거움의 시간도 한때다.
하기에 고통의 시간도 한때다.

적은 조직을 이끌어가는 수장으로 항시 긴장의 끈을 풀 수는 없다. 어디선지 나도 모르는 또 다른 파도가 나의 조직에 밀려 올수 있기에, 한 자리에 머물려 있음은 결국은 침몰을 불려 옴을 잘 알기에, 반발이던 한발이던 전진하는 것만이 살아가는 흐름이기에 앞으로 계속하여 가려고 노력한다.

하기에 아무리 바빠도, 아무리 어려워도, 아무리 시간이 없더라도, 그 시간이 비록 순간처럼 적더라도 마음의 여유를 가지려 하고, 즐기려하고 미소를 지려한다.

인생을 살다보니 자연스럽게 깨우치는 사람의 마음
가볍게 행동하는 자는 결코 깊은 물이 될 수 없고
마음이 수시로 변하는 사람 믿을 수 없으며
따뜻한 가슴이 없는 사람은 아무리 시간이 가도 쌓임이 없다.

나의 자아를 생각하고 어떠함이 인간인 나를 단련함이고, 어떻게 하는 일이 나의 주위를 이롭게 할 것이며, 훗날에 후회가 없는 삶일까? 생각한다.

분명 모자람도 없고, 지나침도 적은 삶의 길로 가려고 한다. 수시로 나를 돌아보면서, 좀 더 다듬을 부분은 무엇인가? 스스로에게 묻는다. 또한 누구에게 보여줌도 아닌, 내 자신에게 떳떳함이 많은 나이기를 추구한다. 되도록 하늘을 자주 보려한다. 하지만, 기분 좋은 술자리도 좋아한다.

석양이다. 붉게 타오르던 해가 어느덧 그 밝음 잃고 서서히 내려가고 있다. 석양은 아름답다. 낮의 강렬함과 다르기에 수목의 느낌도 다르다. 그 무엇인가가 부드러워졌다고 할까? 약해졌다고 할까? 그러기에 편안함을 느끼는가?

지는 해를 가만히 보면서 해와 나를 비교해본다. 나도 언젠가는 저 해처럼 산마루에 걸러서 넘어 가리라. 버티어서도 안 되고, 몸부림쳐서도 안 되리라. 어느 순간이 오더라도 묵묵히 웃고 담담히 받아드릴 수 있도록 유연하게 살아가는 연습을 해야 함을 느낀다.

세상의 모든 것은 학습으로 터득되는 것이 많은 것 아닌가! 젊음과 늙음의 차이가 무엇인가? 언젠가는 가야하는 길의 시간의 차이로 나눌 수 있는 것이 아닌가. 대부분 일찍 온 사람은 좀 일찍 가고, 늦게 온 사람은 늦게 가는 것이 아닐까?

일본의 유명한 한 고승이 마지막에 "아, 죽기 싫다!" 하고 죽었단다. 대단한 고승이라 느낀다, 더 좋게 더 점잔은 말을 할 수도 있지만, 인간의 마음 그대로 죽기 싫다 할 정도면 수양의 도가 아주 높은 분이었으리. 마지막에 진실을 말했으니 ㅎㅎㅎ.

인간은 나이가 들어갈수록 가식보다는 진실을 가깝게 하는 삶이 쉽지만, 어려우리라 생각이 된다. 그 어려움은 석양의 해가 이야기하는 것 같다. 어둠도 멍청함도 아니요, 밝되 부드럽고 무엇인가가 그리운 마음을 안기는 모든 사람을 선하게 만드는 어떤 힘을 갖고 있는 밝음이라 본다.

이제는 가슴이 설레는 마음 아픈 애잔한 추억이 나에게 오기 어렵기에, 흘려간 추억을 되새김하는 것 또한 석양 같으리라.

석양은 사람을 가라앉히는 그 힘이다.

봄날이 가듯이, 석양도 아름답게 붉게 빛난다.

인생의 전장(戰場)터에서

소리를 그렁그렁 내며 상처 난 부위를 혓바닥으로 연신 핥고 있다. 시선은 멀리 지평선 에 두고 있다. 사나운 맹수다. 맹수는 다치면 조용히 자신만의 공간을 마련하고 그곳에서 몸이 회복할 때까지 굶어가며 몸을 추스린다. 모든 활동을 끊고 몸이 회복할 때까지 기다린다. 그래서 살아남는 것, 이것이 맹수의 자연 치료법이다. 즉, 모든 활동을 줄이고 숨어 몸의 회복을 기다리는 것이다.

내가 태어나는 날, 할아버지가 장날에 가서 사온 개가 있었는데 그 개는 내가 13살이 되는 날까지 살았다. 그 개는 옛날에는 마을의 모든 개를 풀어 놓고 키우던 시절, 그 마을 모든 개의 우두머리였다.

간혹 할아버지는 나를 보고 저 누렁이는 '겉만 개지, 속은 맹수다' 하셨다. 나에게는 항상 꼬리를 치며 언제나 어디든 따라다니는 개였고, 그 개가 옆에 있을 시는 나나 할아버지에게 누구도 대들지 못했다.

남하고 적은 다툼이라도 있을 시는 상대를 향해 이를 들어 내 으르렁거리며 위협을 한다. 그 무서운 눈초리와 모습에 대부분 상대들은 꼼짝 못했다. 그것을 모르고 할아버지와 싸웠던 어떤 분이 개에게 물려 큰 고생을 했다.

지금 시절 같으면 매스컴에 보도되고, 손해 배상이다, 뭐다 하고 아주 시끄러워질 일이었지만, 그때는 그냥 치료해 주고 가벼운 사례로 끝날 수 있었으니, 호랑이 담배 피던 시절 이야기다.

이 개는 상처를 입던지 아프면, 집 뒤의 대나무 밭 속에 적은 터를 마련하고 그 곳에 움츠리고 누어서 아무것도 먹지 않고 몸이 회복될 때까지 있다가 몸이 회복되면, 집으로 내려와 먹이를 먹는 개였다.

내가 초등학교 6학년 때 개가 며칠 보이지 않아 대나무 밭을 찾아가 보니, 자기의 웅덩이에서 평안하게 움츠리고 죽어 있었다.

나도 맹수인가? 느낌이 온다. 뼈마디가 슬슬 통증이 오고 몸이 무력감에 쌓인다. 몸의 이상이 느껴진다. 한번은 고생할 것 같다.

요즈음 한두 달 체력을 키운다고 등산에다, 자전거에다, 그리고 술에다, 너무 무리를 했나 보다. 모든 활동을 당분간 중지했다. 최소한의 활동만하고, 상처 입은 맹수가 그러듯이 눈 만 뜨고 숨만 몰아쉬며 숨어서 그렇게 며칠을 보냈다. 서서히 몸, 깊은 곳에서 에너지가 나오는 것이 느껴진다. 회복이 되어가나 보다. 슬슬 몸을 틀어보며 움츠린 둥지에서 나온다. 걷고, 움직이고, 생각할 때가 되었나 보다.

앵앵 거리는 소리가 또 들린다. 벌써 3~4번째 소리다. 길옆을 보니 렉카를 모는 젊은 운전자가 신이 난 얼굴로 차들이 밀려 거북이처럼 기어가고 있는 갓길을 쏜살같이 달려간다. 사고가 난 현장에 가장 먼저 도착하는가 보다.

얼마 전 고속도로에서 차가 밀려 가다가 앞차가 그 앞차하고 가볍게 추돌사고를 내 꼼짝도 못하고 있었는데, 어떻게 알았는지 순식간에 사이렌을 시끄럽게 켜고 여러 대가 동시에 몰려들더니 도착 순서에 의해 차를 한 대씩 견인해 가는 그 신속한 효율성에 놀란 적이 있었다.

친한 친구의 딸이 서울 압구정동 성당에서 결혼을 하는데, 아무리 바빠도 필히 참석을 해야 하는 사이이기에 토요일이라 고속도로가 막힐 것을 감안하여, 아침 일찍 전주에서 출발하여 잘 올라왔으나 역시 기흥을 지나니 차가 막혀 가다가 서곤 한다. 수원까지 오는 동안 고속도로가 꽉 막혀서 옆 갓길에는, 순간의 실수로 졸았던지, 전방 주시를 태만히 했던지, 휴대폰을 받다 실수를 했던지, 여러 대의 사고 난 차 들이 갓길에서 견인해 가고 있고. 보험회사 직원들은 사고 차 수습에 분주한 모습들이었다.

교통이 수월해지기 시작한 수원 근방에서 아주 시끄러운 소리를 내며 달려가는 렉카 운전수의 웃는 모습 보니, '아~앞에 또 사고가 났구나." 라는 생각이 스친다. '남의 불행이 나의 행복'인 사람들, 어떤 사람은 사고가 나 울고 있건만 그 사고 때문에 웃어가며 사고 난 차를 견인해서 자신을 가족을 열심히 부양하는 사람들. 그들에게는 사고가 없는 하루는 어려운 하루이리라.

많은 사람들은 휴일에 고속도로에 나가면 누구나 사고 없기를 바라지만, 고속도로 갓길에서 호출만 기다리는 렉카 운전사 마음은 사고만을 기다리고 있을 것이다. 사람이 죽는다는 것은 슬프다. 그러나 죽는 사람이 있기에 꽃 장사, 식당, 수의 파는 사람 등 여러 사람이 그의 가족과 행복한 삶을 영위하게 되고, 사고를 당한 사람입장에서는 서럽게 울며, 사랑했던 사람을 보내는 마음이 얼마나 슬플까?

또한 건강은 누구에게나 필요하겠지만, 모든 사람이 다 건강하면 그 많은 의료 기관과, 그 많은 의사들은 굶어 죽지 않을까?, 결국 의사도 아픈 사람이 많아야 돈을 벌어 가정을 이끄는 가장이 되는 거라 생각하니, 세상의 이치가 참 묘하다는 생각이 든다.

경찰만 보더라도 범죄가 없으면 경찰이 왜 필요겠는가? 어느 조직이던 그와 반대되는 면이 있기에 그 조직도 생존하는 것이 아닐까 한다. 어렵게 겨우 시간을 맞추어 결혼식이 진행되는 성당에 왔다. 신부의 주도로 진행되는 성당에서의 결혼은, 보통 예식장보다도 엄숙한 면이 있었다. 종교의식이 적당히 가미된 결혼식 중에는 신랑과 신부의 증인들이 나와 이 새로운 신혼부부가 결혼에 아무런 문제도 없는 남자와 여자임을 증명하였다.

마지막으로 새 부부가 웃으며 여러 하객들에게 인사한다. 그때 나는 이들 부부에게 혹시 과거에 좋아했던 사람들이 없었을까? 이둘은 오늘 부부로 즐겁지만, 이 부부 상대의 옆에 없어 슬픈 사람도 있지 않을까?

그래서 어느 한쪽의 행복은 어느 한쪽의 불행이 아닐까? 상대의 불행이 나의 행복이 아닐까? 하며 이래서 인간은 돌고 돌며 사는 게 아닌가 생각이 들었다.

아들

나는 집에 있으면 편하게 팬티만 입고 있을 때가 많다. 막둥이 아들이 나를 따라해 집에 있을 때는 요놈도 팬티 바람으로 있다. 팬티 바람으로 있으면 편하다. 편하게 쇼파에서 tv를 아들과 합의하에 자신들이 좋아하는 프로를 보고, 책도 보며 졸리면 그 자리에서 잔다.

안방보다, 서재보다 이용을 더 많이 한다. 편하고 느긋하게 오전을 즐기는데 자기의 방에서 나온 아들이 효도를 한단다. '뭘 로~?" 물으니 안마를 해준단다. 쇼파에 누우란다. 쇼파에 눕자 체중이 80키로가 넘고 다리

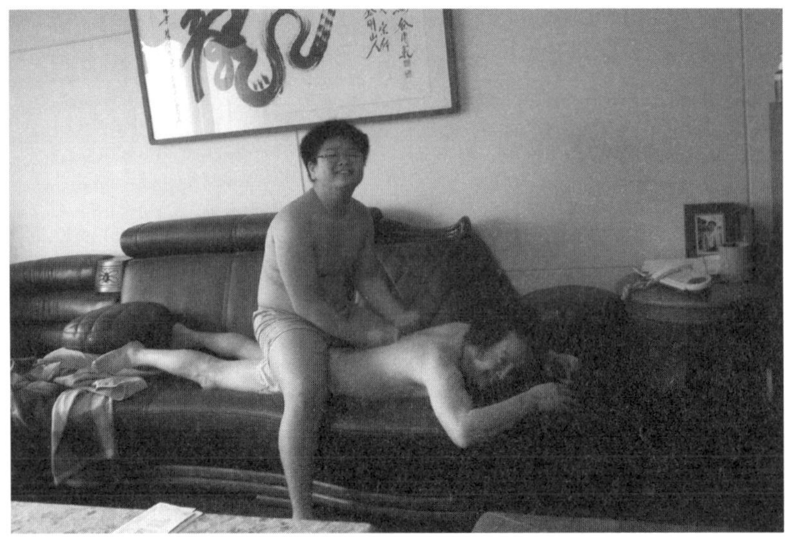

▲아들과 함께

통이 내 다리 두 배나 되는 아들놈이 나를 올라타고 경추에서 미추까지 척추를 두 손으로 꾹꾹 누른다.

전문 마사지를 받는 것보다야 못하지만, 아들놈의 정성과 성의가 들어간 지압을 받노라니 아들을 둔 보람이 느껴진다. 옆에서 보던 와이프 "뚱뚱한 아들 아래 깔려 아빠가 압사하는 꼴 같다." 한다. 아들놈이 효도 한답시고 안마를 해주는데 압사 한들 어떠리.

막내아들과 함께 새해를 맞아 기념으로 바람 부는 새만금에 같이 갔다. 크게 자랑할 것은 없는 아들이지만 단 하나 자랑거리가 있다. 어떤 일을 하다가 아니면 나 나름대로 책을 보거나 인터넷을 할 때 간혹 자기 방에서 나를 큰 소리로 부른다. "왜?" 하고 물으면 큰 소리로 "아빠, 사랑합니다." 하는 놈이다.

간혹 밥을 같이 먹는 식탁에서 식사 중에 나를 한번 부르고 내가 쳐다보면 나를 보고 "아빠, 사랑합니다." 한다. 나한테만 하는 것이 아니라, 이 방법을 와이프에게도 똑같이 한다. 누가 날 사랑한다는데 싫어할 사람 없겠지만, 그것도 사춘기인 이제 중3의 아들이 자기 나름대로 터득한 바 있어 하는 말이겠지만, 듣는 나로서는 아주 즐겁다. 가족끼리야 대부분 사랑하고 있겠지만.

사람들 대부분 누군가를 사랑하는 사람이 있을 것이다. 그 사이가 떳떳하던 아니면 불륜이던 사랑하는 사람에게 서슴없이 '나는 당신을 사랑한다.'라고 매번 자신 있게 표현하는 사람은 내가 아는 한 주변에 없다.

나 역시 마누라에게도 '당신을 사랑한다.' 라는 말을 이상하게 못했고, 지금도 '사랑'이라는 소리는 남살스런 기분이 들어 누구에게도 잘 하지 못하는 말이다. 지금 젊은 세대들이 보면 감정을 표현 못하는 바보라고 생각할 것이다.

그래도 사랑이라는 말은 사용을 자주 하지 않으니, 한 번씩 표현을 하려면 너무 어렵다. 나도 나의 주변에 날 아껴주고 사랑하는 분들이 많다. 그러나 나는 그 분들에게 바보처럼 '당신을 사랑합니다.' 라는 말을 하지 못하고 있다. 다른 분들에게 '당신을 사랑한다.' 라는 말을 몇 번 할까 하다가 도저히 얼굴이 화끈거려 사용을 못했다.

그런데 이성에게야 어찌 '사랑한다.' 라는 말을 했을까? 그 말을 못하고 이상한 사랑을 많이 했다. 오랜 젊은 날에 누군가가 나에게 한번 '자기를 사랑한다.'라고 빈 소리라도 좋으니 해보라고 했던 일도 있었으나, 주춤주춤 못하고 눈만 쳐다보고 말아 상대를 실망시킨 적도 있는 멍청이이다.

그러나 아들이 '사랑합니다.' 하는 소리를 들으면 기분은 좋다. 나도 열심히 '사랑합니다.' 라는 소리를 연습해 나를 아껴주는 사람, 내가 좋아 하는 사람들에게 말해야겠다.

"나는 당신을 사랑합니다."

나의 팬

머리를 손질하려 '헤어 샵'에 갔다.

언제 부터인지 머리를 하려면 전에는 오로지 이발소만 알았는데, 자유인처럼 내면의 어떤 변화도 주고 싶었기에 그 하나의 변화로 머리를 길렀다. 단, 구태의연하게 보일 수 있는, 흔히 보이는 꽁지머리로 길러 묶지는 안고 묶기 직전의 머리 길이를 유지하고 기르자 하는 마음으로 기른 후부터는, 이발소에서는 머리의 다양성을 찾을 수 없기에 자연스럽게 미장원을 가게 되었다.

미장원에 가서는 이발소와는 전혀 다른 현대식의 써비스와 운영방식을 보고 앞으로 남자도 언젠가는 머리를 미장원에서 관리하게 되겠고, 이발소는 자연적으로 지는 석양이 되겠구나, 하는 생각이 바로 생각나듯이 이발소하고 미장원하고는 도저히 모든 부분에서 경쟁이 되지 않는다.

두 달에 한번정도 가는 이곳 '헤어 샵'도 가면, 아주 넓고 깨끗한 환경에 컴퓨터도 몇 대가 있어 마음대로 활용할 수 있고, 손님이 기다림에 지겨워 할까봐 잡지도 있고, 사탕도 있으며, 의자에 앉아있으면 커피를 드릴까요? 차를 드릴까요? 하는 물음과 원하니, 아이스 원두커피의 고급스러운 맛의 커피를 준다.

이 정도면 도저히 우리내의 어떤 새로운 이발소도 도저히 경쟁이 되지 않을 것이다. 아, 이발소의 쇠퇴가 안타깝다.

차를 마시며 나의 차례가 오기를 기다리는데, 들어 올적에 안 보이던 이곳의 실장이라는 여인이 오더니 반갑게 인사를 한다.

"선생님 반가워요. 오랜만에 오셨네요." 내가 웃음으로 대답을 하자 그녀가 말한다.

"이곳 직원들에게 선생님이 인기 짱이구요, 다 선생님 팬이고, 아주 열렬한 팬도 있답니다. 호 호"

"다 내 팬인가? 내가 집이 가까워 그래도 한 번씩 오기에 인기가 있나?"

"아뇨, 선생님이 출판 기념으로 놓고 간 책, 직원들이 다 돌려보았고, 감동도 느꼈고, 그중에 직원 한명은 너무 인간적인 글에 감동을 해 새로 책을 구입해 보관하고 있답니다,"하며, 일요일이라 손님이 분비는 대도 한 여인을 부른다. 이곳 헤어 디자이너란다.

환한 얼굴로 온 여인 나를 보더니,

"어머, 선생님 오셨네." 하며 인사를 깍듯이 하더니 아주 반가워한다.

그리고 나의 책을 보고 감명을 많이 받아 한 달이 넘었는데도 나의 책 속의 이야기를 직원들 간에 자주 한단다.

그리고 한권을 보관하고 싶어서 샀단다, 그리고 덧 붙여서 다음의 책이 언제 나오냐, 고 한다, 새 책이 나온 지 불과 두 달 남짓인데 벌써 새 책을 기다리는 팬이 있다니, 감격스럽다.

바빠서 길게 이야기 할 수는 없었다. 웃고 이야기를 끝냈다. 다음 책을 꼭 기다린단다. 머리를 손질하면서 생각했다. 벌써 몇 사람이 다음의 책을 기다린다 했는데, 여기도 그런 나의 팬이 있다니, 이 나의 팬들에게 보여줄 다음은 수필로 할까? 장편소설 아니 단편을 몇 편 더 써 모아서 단편집을 낼까? 하는 생각을 했다.

나의 머리를 손보던 여직원이 말한다.

"저는 책을 잘 안 읽는데, 시간이 날 때 보니 읽기가 편했고, 읽어 보니 선생님의 그 풍부한 인간적인 감성에 놀랐어요, 책 많이 쓰세요." 한다. 아, 앞으로 어느 부분은 또 새로운 장르의 길을 가야겠다.

머리의 손질을 다 끝내고 나오는데, 나를 아는 직원들 모두 와 웃으며 인사를 하고 배웅을 한다. 열 명 가까운 직원 대부분이 내 팬이란다, 이렇게 고마울 수가.....

앞으로 이런 펜들을 위해 내 할 일을 생각하면서 되돌아보며 손이라도 흔들고 싶었으나 참고, 앞날을 구상하며 앞으로 걸어갔다.

헛된 용기

낙숫물에 옷 젖고, 몽둥이에는 약이 없고, 매일 마시는 술에는 장사 없다는데, "봄날은 간다."는 술 먹는 모임에 나 말고 말술 먹고도 끄떡없는 어떤 인물이 나와 이 '봄날은 간다.' 을 이끌고 가야 하는데, 요즈음 아무리 친구가 초대해도 친구 마누라 얼굴이 구겨져 있으면 안 가는 것이 상책이듯이 눈치만 보는 사람들이 많아 걱정이다.

진정으로 사나이다운 사나이가 그리워진다. 하나 그런 사나이는 필경 마누라한데는 인기가 없는 남자일 것이다.

오늘 날 사나이들이 거세당한 말처럼 점잔하고 얌전한 순딩이 사나이들뿐인 것 같다. 마누라 잔소리에 눈을 부릅뜨며 "어디 여자가 이리 말이 많나! 조용해라 ~" 하고 자신의 소신대로 친구 술도 사고, 술에 취해 집으로 올 때 큰소리로(10년 전까지 실지로 그랬음) 노래도 부르고, 빨리 대문을 안 열면 대문이 부셔져라 발로 차던 객기인지, 용기인지는 모르지만, 지금은 다 어디로 갔나?

술 마시고 큰소리로 노래하고 다니면 경찰서 가기가 십상이요, 마누라 문 빨리 안 열어 준다고 아파트 대문 발로 차면, 발 다치기 십상이요, 그 즉시 집에서 쫓겨나 종로 3가 전철역의 노숙자로 바로 입학할 터인데, 어느 놈이 배짱 좋게 지랄하겠나.

허나, 어디 흔하면 금이랴 흔하지 않기에 금이고 다이아몬드가 아닌가? 뭘 모르고 살았기에 용감했던 그 시절이 정말 그립다. 옛날처럼 마누라 확, 힘차게 끌어안고 그 부드러운 입술에 뽀뽀나 할까. "마누라여, 기다려라. 내가 간다. 뽀뽀 하려."

봄 같은 따뜻한 날이다. 오랜만에 자전거를 탔다. 추울까 봐 두꺼운 옷을 입고 출발을 했지만, 얼마 안가 더운 느낌을 받았다. 겉에 입은 옷을 벗고 자전거를 여유롭게 타며 달려 보았다. 봄이 앞에 있는 것 같은 기분이 들었다. 한참을 갑천변을 달렸다.

이 따뜻한 봄의 햇볕을 넉넉히 받고 싶었다. 따뜻한 봄볕은 졸음을 유발시키는 것 같다. 자전거를 세우고 부드럽고 따뜻한 햇볕을 느끼며 길옆의 의자에 누어 본다. 지나가는 사람을 불러 사진을 한 장 찍어 달라 부탁하고 사진을 찍고 누어 봄 날씨의 부드러움과 햇볕의 따스함과 평안함에 삶의 묘미를 느낀다.

우리가 살다 보면 부러운 인생도 많이 보지만, 따뜻한 봄이 오는 것 같은 날에 햇볕의 따뜻함과 부드러움을 느끼고 강가의 의자에 누어 푸른 하늘을 보니, 사나이 팔자가 요 정도 면 괜찮은 팔자 같다.

일요일이다, 늦게까지 자려는데 막내아들이 깨운다. 같이 TV를 보잔다. 이 막둥이 아들하고는 보는 프로가 서로 달라 간혹 다투기도 한다. 그때마다 내가 프로를 내 취향으로 고정 시켜서 본다. 아들놈은 이럴 때면 나보고 "아빠의 권위와 나이를 앞세워 커나가는 아들을 위협한다."고 항변하는데, 나는 들은 체, 만 체 말한다.

"너는 아직 아빠의 통제 아래 있어야 할 놈, 고런 놈이 뭐 그리 말이 많은가?"

볼멘소리 해봐야 뭐하나, 나는 그 아들의 아버지인데......

바람처럼 사라졌다

동지 날이란다. 아는 분이 다닌다는 절 보륜사에 갔다. 대전에서 옥천 가는 쪽에 있는 꼬불꼬불한 길을 어렵게 찾아서 다행히 도착하였다.

종교로써의 절은 대부분 도시에서 많이 떨어진 곳에 위치해 있어 특별하게 마음을 먹지 않고서는 접근하기가 어려운 깊은 산에 대부분 절이 있다. 물론 조선시대의 불교 탄압의 이유에서 출발 했겠지만, 공격적이고 적극적이어서 때로는 지겹기도 한 기독교의 선교 활동에 비하며 불교의 종교적인 활동은 너무 미미하다는 생각이 든다.

이곳 주지 스님과 인사를 하고 부처님에게도 절을 드렸다. 법회가 끝나 간단하게 절에서 끓인 죽을 먹게 되었다. 여기에서 불교의 낙후성을 또 보았다. 식사의 배분 방식이나 젓가락, 숟가락의 보관 방법, 식사 후의 뒷 처리 등, 나는 불교계의 스님들이 어느 정도의 규모를 갖춘 기독교 즉, 교회에 가 볼 필요가 있다고 본다. 그러면 그들의 합리성을 충분히 볼수 있고 그곳에서 배울 수 있는 여러 가지를 볼 수 있으리라 생각이 든다. 아무리 종교라도 나는 현실과 더불어 어느 정도는 변화되어야 한다고 본다.

물론 변하고는 있지만 스님들의 일복도 좀 좋게 변화할 방법은 없을까? 꼭 전통의 축 처진 합바지를 입어야 할까? 그것만이 불교계의 복장일수 밖에 없을까? 조금 더 합리적이며 보기 좋은 복장을 만들어 입으면 안 될까? 하는 아쉬움과 덜 체계적인 식당에서의 움직임을 보고 진한 아쉬움을 느끼며 밖으로 나왔다.

밖의 풍경은 자연과 어우어진 대웅전과 그 주변의 모습은 좋았다. 산의 맑은 공기도 좋았다. 법회와 식사를 끝낸 신도들이 황급히 바쁘게 빠져 나간 주차장이 휜하다. 부처님 뵙고자 와 뭐가 저리 바빠 번개처럼 사라지나, 아, 정말 바람처럼 사라졌도다.

낙엽이 하나 떨어짐을 보고 가을을 알듯,
새벽에 닭이 우는 것을 들으며 아침이 옴을 알 듯,
식은 찻잔의 냉기에 맛없는 차의 맛을 알 듯,
무심히 보는 그녀의 정 없는 눈빛에 사랑이 갔음을 알듯,
나는 살아감에 있어서 간혹 인연의 고리와 헤어짐을 느낄 때가 있다.

사람의 모든 인연에 어디 영원함이 있으랴!
만나면 헤어짐이 있고
생명은 늙음이 있을 것이고

뜨거움은 언젠가는 식는다는 것을 이야기하는 것이다.

좋은 인연은 오래오래 같이 있고 싶지만
필히 헤어짐이 있지 않던가?

연인이나 부부사이의 애틋함도
언젠가는 헤어짐이 있다는 것을 알기에
더 한 미련의 정을 느끼는 것 아닐까.

이 마지막 남은 한 장의 달력이 있음을 알기에
우리 인간이 정한 어떤 시간의 한 고리가 넘어감을 알기에
한 해를 마감하는 이 달,
나이가 들어감에 더 큰 아쉬움을 느낀다.

나,
만남의 소중함도 헤어짐의 아쉬움도 알기에
만남의 술잔 기쁨도 알고, 이별의 술잔 쓰라린 맛도 안다.

깊어가는 밤,
물 한잔 앞에 놓고 어떤 이별을 그려도 보고
새로움의 인연도 그려보며
창 밖에 보이는 희미한 별도 보며
이별의 겨울밤을 보낸다.

제 3 장
친구

성공한 선배와 영원한 팬

오랜만에 잔을 부딪쳤다. 그동안 즐겁게 보냈는지 얼굴의 혈색이 좋다.

"선배님, 건강한 모습 보니 반갑습니다."

"후배님도 그동안 경기가 좋았나, 보기가 좋네."

서로 웃으며 서로를 쳐다보았다. 사업적으로도 연관이 있는 사이면서 같은 고향의 선배로 나보다 나이가 7살 위인 분이다.

대기업은 아니지만, 전문적인기술을 요구하는 기업의 대표다. 내가 저녁을 사겠다고 하여 서울역의 한 식당에서 만났다. 오랜만에 만나서 우선 사업적인 일을 끝내고, 몇 가지 가볍게 농담을 했다.

“선배님, 대단한 체력입니다, 소주 3병을 같이 마셔도 나보다 더 끄떡도 없습니다. 하하"

"타고난 건강인가 봐, 아직은 자주 마셔도 괜찮구먼. 후배님도 아직은 좋은가 보네?"

"아닙니다, 요즘 체력이 예전하고는 전혀 다릅니다. 하하"

선배 갑자기 정색을 하고 말한다, 적은 사업하느라고 너무 자신에 대한 시간을 없애지 말라고, 잘하겠지만 내 나이에 오로지 사업만 생각하다가 어느 정도 궤도에 오른 지금은, 자신을 위한 모든 것을 다 잃을 것 같아 이제 다시 시작하려고 해도 행동범위가 너무 좁아져 사업 말고는 크게 즐길 것이 없는 처지라 후회가 된다. 자네는 아직 젊기에 자신의 시간을 잘 즐기면서 앞으로 나가란다. 그것이 적은 규모의 사업자로서 후회 없는 삶이라고 한다.

나는 나의 일을 좋아하고 모든 시간을 그 일속에서 보낸다, 요즘 같은 세상에 최선의 머리와 최고의 땀을 흘리지 않으면 어떻게 살아남을 수 있을 것인가? 그러려면 분명 포기해야 할 부분도 많지만, 어쩔 수 없다.

‘즐긴다는 것은 무언가?’ 에 대해 한참을 이야기했다. 기분 좋게 취한 선배를 대기하고 있던 기사에게 모셔다드리고 서로 손을 흔들고 헤어졌다. 차창으로 보이는 술에 취한 모습, 어떤 모습에이 성공한 분의 모습인가? 그 뒷모습에 나의 취기가 더 올라오는 것 같다.

막차를 타고 대전으로 간다. 바쁘게 보냈던 하루, 전주에서 함양으로, 함양에서 대전, 대전에서 서울로, 서울에서 다시 대전으로 간다. 차창에 흐르는 불빛을 보며 하루를 정리해 본다. 그리고 생각해본다. '과연 나는 내 삶을 잘 보내는 있는 걸까?' 차창에 비추이는 내 얼굴을 보며 빙그레 웃어본다, 300km의 속도로 가는 고속철도의 창에 불빛이 흐른다. 그 속의 나도 흐른다.

거래처가 서울에서 고양군으로 공장을 이전해 거래 관계상으로나, 인간관계로 찾아가 봐야 하는 곳인데 요즘 회사의 운영이 이 곳, 저곳에서 문제가 발생하고, 경기의 불황에 맞물려 어떤 고비를 맞아 어렵다는 핑계로 며칠을 미루다 더 미루면 안 될 것 같기에 찾아갔다.

주소를 물어 네비게이션에 입력하고 대전에서 출발 하였다. 예상시간 3시간을 잡고 출발을 했으나 경부고속도로도 막혔고, 서울시내에 진입해 강변 북로로 해서 어렵게 찾아가니, 퇴근 직전의 오후 6시정도로 예정보다 배가 더 걸렸다.

반갑게 맞이하는 거래처 사장님의 부부, "아이구, 사장님 고생 많았어요. 내가 진작 중부고속도로를 타고 구리에서 순환도로로 오는 길을 알려드렸으면 고생을 않고 쉽게 찾아오셨을 탠데, 정말 미안합니다." 한다.

공장을 보니 서울보다 몇 배로 시설을 확장했고, 넓고 쾌척해 모든 부분이 마음에 들었다.

아들도 경영에 동참을 시켰다고 소개를 해준다. "모든 것이 마음에 듭니다, 앞으로 이곳에서 많은 것을 이루기 바랍니다." 하자,

"이 모든 것이 사장님과의 주 거래로 인해 발전된 것입니다. 다시 감사를 드립니다.“한다.

며칠 남은 추석을 맞이해 추석 전에 뵙기가 어려울 것 같아 미리 준비했다고 선물까지 마련해 놓았다가 나에게 준다. 고마웠다.

식사를 하기 위해 아주 별미로 부드러운 쇠고기를 잘한다는 식당에 갔다. 여러 가지 이야기를 반주 삼아 식사를 했다. 식사 중에 이 거래처 사장

부부는 나에게 다시 고맙다고 한다. 사장님을 주 거래처로 하면서 처음엔 못 느꼈으나, 거래처를 많이 확장한 후에는 사장님의 깨끗한 거래의 매너와 철저한 신용 그리고 인간적인 의리 등을 더 알 수 있어서, 새로온 전무나 직원에게도 "지금까지의 모든 거래에서 박 사장님 같은 분은 없었다, 신용과 매너 인간적인 마음까지 최고의 사람이다."라고 수십 번을 강조하여 새로운 직원은 잘 모르지만 옛 직원 모두가 사장님의 모든 면을 감사하고, 존경한단다.

그래서 아까 인사한 새로운 전무가 나에게 그리 깍듯이 예의를 차리고 인사 했던가 싶었다. 나에게 최고의 찬사를 한다. 앞으로 어떻게 상황이 바뀌어져도 나하고는 영원한 거래란다. 거래량이 줄어도 절대 거래를 바꾸면 안 된단다.

요즈음 우리 업계가 다 어렵지만 사장님 같은 분은 너끈하게 올해를 잘 넘길 거라며, 사업적으로나 인간적으로 사장님 같은 분은 없다 한다. 너무 많은 이익을 거래에서 바라지 않았고, 서로의 이익을 생각하면서 그리고 이왕에 줄 결재대금 약속한 날짜에 정확하게 주었으며, 문제가 발생해도 서로의 통화에서 양보할 것은 부드럽게 양보를 해주었고, 어렵다하면 내가 할 수 있는 선에서 대금 결제를 미리 해준 것뿐인데, 너무 최고의 찬사를 한다.

그리고, 이 사장 사모님이 하는 말,

"나는 사장님의 영원한 팬입니다." 한다.

아, 내가 이런 팬을 가져도 좋은가 싶다.

등산

한가한 날 마음을 다지고 계룡산에 갔다. 산에 자주 가는 분들이야 계룡산 정도야 할 수 있지만, 술로 세월을 보낸 나에게는 버거운 일이다. 연못의 개구리에게 돌을 던지면 맞는 개구리는 죽지만, 던지는 소년에게는 하나의 장난일 뿐이듯 자주 산에 올라 다리에 힘이 붙은 사람에게는 4시간 걷는 거야 연못에 가볍게 돌 던지는 소년의 모습이지만, 주색에 곯아버린 차만 타고 다녔던 힘 빠진 다리에게는, 글자 그대로 사서 고생하는 오뉴월에 땡칠이 처럼 헉헉 거리기 바쁜, 후들 거리는 다리로 일행을 죽을 등, 말 등 풀어지는 눈동자로 따라가는 다 죽어가는 신세이다.

그나마 올라갈 때는 힘이라도 있어 그럭저럭 헉헉거리며 따라 갔지만, 내려올 때는 풀어진 다리로 가파른 돌계단을 내려오자니 몸에 땀은 흐르지, 다리는 후들거리지, 지쳐 눈에 초점은 흐리지, 그리고 날카롭게 생긴 거친 자연석을 가파른 산길에 되는대로 깔아 논 길이라 한발만 잘못 더디면 다리나 손이나 절대로 편안치 않은 불상사가 눈에 뻔 하니, 풀어지는 눈으로 돌의 안전한 곳에 발을 옮길라 다리에 균형 감각으로 잘 디디고 중심을 맞출라, 다리가 빙빙 거린다.

평소에 산에 자주 다녀 다리에 힘이 붙어 있는 친구는 벌써 보이지 않을 만큼 가벼려 보이지도 않는다. 죽지 못해 겨우겨우 부들부들 거리는 다리로 한 돌 한돌 밟고 내려가는데, 숲 속 사이로 산 비들기가 구구구 하는 소리 들린다.

여기에 화답을 하듯이 까마귀가 우렁차게 운다. 산에서 들으니 까마귀 소리도 정겹게 들린다. 그때 생각했다. 먼저 내려간 친구야 내려가 적당한 곳에서 쉬면서 날 기다리면 될 것이니, 내가 이렇게 죽기 살기로 내려갈 필요가 있나? 적당히 쉬면서 즐기면서 가자, 하는 생각이 들어서 길가에 넓은 평평한 바위에 앉아 숨을 골랐다.

심호흡을 하고 가슴을 안정시키니, 맑은 하늘도 녹색의 나무 사이로 보이고 유난히 많이 내린 여름의 비 때문인지 계곡의 물도 시원하게 흐른다, 그리고 간혹 넓은 곳에 모인 물이 너무도 맑고, 푸르게 보인다.

슬슬 계곡의 물소리 들으며 내려오자니 자꾸 어디선지 음악 소리가 들려 주머니 안에 있는 휴대폰 소리인가 하고 휴대폰을 꺼내 보면 아니다. 그 소리는 계곡의 물이 흐르면서 물소리가 아닌 자연의 음악을 연주 하는 것이다, 그 소리가 자주 들린다. 그 소리를 계곡을 내려 올 동안 내내 들을 수가 있었다.

▲산행을 함께 한 지인들과 기념사진

그리고 내려오는 동안 내내 깔려 있는 돌을 밟고 오면서 생각했다. 산의 급한 경사도를 따라 거칠게 깔려 있는 자연석을 보며, 날카롭고 흉하고 아무 값어치도 없는 보통의 돌들도 많았지만 간혹은 밟기가 아까울 정도의 멋진 돌들도 많았다.

아까웠다, 이런 멋진 돌들은 이 산속의 등산로가 아닌 어떤 사람들이 많이 볼 수 있는 곳에 있으면 가격도 많이 나가고 그 아름다운 신비한 모습으로 감탄을 자아낼 텐데, 이 산에 있기에 등산객의 발판으로 아니면 무심히 가는 객이 바라보는 자연의 하나로 가치를 알아주는 사람 속에 사랑으로 사는 것이 좋을까?

자연에 따라 피고 지면서 간혹 구름과 달 그리고 별빛 속에서 산바람을 벗 삼고 들리는 산비둘기 소리, 까마귀 소리에 젖는 있으나 없으나 누구도 모르는 지나가는 등산객이 간혹 무심히 앉았다 한숨 돌리고 가는 그런 산속에 하나의 돌인 것이다.

이런 저런 생각에 의진 다 내려온 것 같다. 다리는 후들 거리나 가슴은

싱그럽다. 여름의 숲, 그 짙은 초록이 산에 짙게 깔려 있다.

산악회를 만들어 기념으로 계룡산의 산행을 시간이 허락되는 분들과 같이 산에 올랐다. 갑사에 가기위해 충남대 앞의 버스 정류장에 가니 옛날 어릴 적 학교에 다닐 때, 먼 몇 십리 밖에서 오는 애들이 일등으로 오고, 학교 옆에 사는 애들이 제일 늦게 아니면 지각을 하듯이 서울의 불광동에 사는 김명숙 회원이 제일 먼저 도착해 그래도 고향 오빠라고 "오빠 안녕 반가워여~" 하며 반긴다.

그 뒤에 한 분, 한분 모이기 시작한다. 가볍게 시간이 나는 분들만이라도 자연스럽게 나오기 위하여 한분도 개별적인 연락을 안 하고, 공지에만 올렸다. 차가 출발하는 시간에 모이신 분이 8분, 산행 중간에 남매탑이라는 곳에서 두 분이 합류 예정이고, 동학사 앞의 뒤풀이 모임의 식당에 몇 분이 나오기로 해 기분 좋게 출발을 했다.

날씨는 아주 좋았다. 좀 더운 것 같았지만 걷기에는 좋았다. 갑사에서 남매탑으로 그리고 동학사로 내려오는 코스를 택했다. 우리 인간이란 특히 자주 볼 수 없는 사람들이란, 이렇게 만나 같이 걸으면서 가볍게 이야기를 나누는 시간이 있어야 가까워질 수 있지 않을까? 하는 생각을 해 보았다.

인터넷으로 많은 대화와 시간을 같이 했더라도 만남이 없으면 꿈속에서 주고, 받는 '꿈속의 여인' 과 다름이 없는 것 아닐까? 생각했다. 나도 한두 달 만에 하는 산행이라 힘들었는데 갖춘 복장이나 품이 같이 산행을 하는 분의 말대로 '등산 여교수' 같은 멋스러운 품을 자랑하며 제일 앞에 가던 서울의 김명숙 회원이 가면 갈수록 다 죽어간다. 너무 힘들어 하며 우리가 빨리가기에 지쳐서 도저히 따라 갈수 없다 하며 제일 뒤에서 다 죽어가는 품으로 고통을 호소한다.

그런데 기가 막힌 것은 그렇게 다 죽어가며 뒤 따라오던 그녀가 산 중간 정도에서 간단하게 점심을 먹을 때, 오랜만의 산행에 지쳐가는 체력의 고

갈에, 나는 도저히 점심을 못 먹고 가쁜 숨을 들이키고 있는데, 마지막에 도착한 그녀 가쁜 숨을 좀 조절하더니 양손에 음식을 들고 그리 잘 먹는 것이 아닌가? 방금 전에 바로 죽을 것 같던 그녀가 언제 내가 그랬는가? 묻는 것처럼 농담도 하면 그 좋은 식탐을 맘껏 뽐내며 잘도 먹는다.

우리가 선택한 코스는 한두 시간 오르막의 연속이었고, 한두 시간은 내리막이 연속의 산길이었다. 오를 때보다 내려오는 길에서 더 어려웠다. 장단지에 힘이 많이 들어가고 다리가 풀리는 것이 평소에 걷는 것은 적게 한 다리가 약한 점이 여실히 들어난다.

앞으로 걷는 운동을 자주해 하체의 힘을 많이 길러야겠구나! 하는 생각을 하며 끝없이 이어진 돌길을 후들거리는 다리로 조심조심하며 일행의 제일 뒤에서 걸었다. 바람은 적당히 불어 왔고 나무의 그늘이 계속 되는 길이었기에 걷기에는 좋았으나, 오랜만의 산행에 그리고 며칠 연속으로 마셨던 술 때문이었는지 땀으로 온몸이 젖고 반바지 아래까지 땀이 흘러 잠시 앉았던 바위위에도 땀이 선연히 묻는다.

빌빌되면서 다리에 힘을 잔뜩 주면 조심조심 돌길을 내려왔다. 동학사 입구의 식당에서 우리를 기다리고 있는 식당에서 만나기로 했던, 등산모임에 참석하겠다는 분들을 만나서 가볍게 막걸리와 맥주로 산악회 모임의 결성을 토의했다.

앞으로 산악회의 연락과 살림을 책임질 총무도 선출했다. 매주 첫째 주 금요일에 만나 시작은 대전 근교로부터 하고, 모든 짜임에 갖추어지면 먼 곳의 산행도 하기로 했다. 모이는 인원이 적을 시는 회장인 나의 차로, 한 열 명 정도면 한분이 기꺼이 동참하겠다는 차로 가기로 했다.

"차로 갈 때는 항상 내 차는 가기로 하는데, 올 때는 내가 대부분 한잔 할 것이 분명하니 운전 잘하는 분 한둘은 꼭 같이 가야 한다."고 했더니, 여성 회원 몇 분이 걱정 말란다. 보니 대부분 다 자기 차를 갖고 있는 분들이다.

그리고 둘째 주 금요일 저녁 7시에는 저녁 먹는 모임으로 다음 산행의 목적지와 친목을 도모하는 모임을 갖기로 했다. 간단하게 식사를 끝내고 다음 주 만나기로 하고 동학사 입구에서 헤어졌다. 피곤하고 다리는 후들거렸으나 땀을 흠뻑 흘렸으나 보람을 느끼며 왔다. 오는 길에 날씨는 더웠으나 왠지 가을이 와 있음을 느끼며 창밖의 가로수를 보며 느꼈다.

그렇게 지겹던 더위를 주고 잦은 비 뿌려 항시 피부를 끈적하게 했던 여름이, 더위가 단 며칠 만에 물려갔다. 자연의 흐름이 참으로 변덕 많은 여인의 마음처럼 종잡을 수 없이 변한다. 갑자기 가을로 성큼 들어가는 날에 대전 근교의 산에 올랐다. 하늘은 맑고 구름도 높다. 아직도 등산에 덜 단련된 몸이지만 며칠 전의 산행에 비하면 나는 땀조차 끈적거림이 없어 상쾌하다.

앞전에는 앞서가는 친구 정신없이 따라가기 바빴지만, 이제는 여유를 갖고 멀리 가는 친구 뒤를 여유롭게 자연도 보고 주변의 환경도 살피고 마주치는 사람들의 얼굴도 살펴볼 정도가 되었다.

몇 미터 앞에서 갑자기 어느 여인의 소리가 들린다, "야들아, 나 쓰러졌다."한다. 조금 내려가 보니 50대 중반 정도로 보이는 여인이 다 지쳐서 등산로 난간에 기대어 위를 보고 소리친다. 방금 우리와 스쳐간 여자들의 일행인가 보다, 자꾸 뒤쳐져 먼저들 가고 있나 보다.

풀어진 눈동자를 보니 얼마 전에 내가 지쳐 헐떡이던 생각이 난다. 그래서 한마디 했다. "정상은 한두 번만 뒹굴면 되는데, 힘내고 올라가세요."

그 여인은 "아까부터 지나가는 사람들이 정상이 바로 라고 해서 왔는데 몇 십 분 걸어도 정상이 아니네요!" 한다. 많은 분들이 지쳐하는 이여인 힘내라고 정상이 바로라고 했나 보다.

"고생 많았소이다. 눈 딱 감고 한 번 더 구르세요, 바로 정상입니다.!"

하니 이 여인 하는 말이 걸작이다.

"위로 구를까요? 아래로 구를 까요?"한다. 재치가 있는 여인이다.

"아래로 구르면 지금까지 왔던 것 도로아미타불이니 위로 구르세요."

"예!" 하며 위로 간다.

나도 웃으며 스쳐 내려왔다. 인생도 등산이 아닌가 생각하며, 내 인생은 어렵던 쉽던 결국은 내가 걸어야 되는 길이고 땀을 흘리고 가던, 콧노래를 부르는 마음으로 가던 내가 향하고 걷는 거지, 나 아닌 그 누구도 대신하고 살수는 없지 아니 한가?

피하고 도망갈 수 없는 인생, 이 인생의 길도 어떤 마음으로 산길을 걷느냐에 따라서, 고통의 긴 한숨보다는 자연을 즐기며 자연을 마시며 주변의 나무 하나 하나도 살피고 볼 수 있는 길을 가려고, 나름대로의 노력을 하는 것도 등산에서 느끼는 점이다.

주변을 보면서 여유로운 마음으로 내려오니 조그만 호수가 보인다. 이곳이 수통골이란다, 가벼운 바람에 낙엽 몇 개가 날린다. 오는 가을이 가볍게 주변의 수북이 내려와 있다. 가을이 깊이 온 양, 가슴깊이 가을을 들어 마시고 내려왔다. 바람에 날리는 낙엽 하나를 보고도 가을이 왔음을 느낀 하루였다.

등산을 갔다. 전북 남원에 있는 봉화산이란다. 이 산악회는 매월 한 달에 한번, 둘째 주 목요일마다 산행을 하는 산악회다 봉화산에 도착을 하니 하늘은 푸르고 바람은 불어온다. 여름이 코앞인 듯이 나무나 풀 색깔은 봄의 연초록의 물결은 지난 듯, 짙어가는 초목의 색이 여름인가? 하는 마음을 갖게 한다. 평일 이었지만 많은 분들이 산행을 온 듯 사람들도 많은 편이었다.

걷는 코스는 험하지도 않고 바위도 적은 편이어서 걷기에는 아주 좋았다. 이 봉화산은 5월에는 아름답게 산을 밝게 빛내는 철쭉이 유명한 산이란다. 올라가는 길에는 철쭉이 없었다. 왜? 철쭉이 유명한 이 산에 철쭉이 없는가!, 물으니. 이 산을 잘 아시는 분이 말하기를 '올해는 오월에 꽃이 피기 전에 추위가 와서 꽃망울을 얼려놓아 꽃도 없고, 있는 꽃도 제대로 피지 못하였기에 정상 넘어 햇볕이 있는 곳, 냉해의 피해가 적은 곳만 꽃이 좀 있단다.'

그 말처럼 길에는 철쭉의 나무만 무성히 자라있고 꽃은 없었다. 허나 먼 산의 뻐꾸기 소리는 가는 동안 뭐가 그리 슬픈지 내내 우는 소리가 들린다. 피지 못한 철쭉의 그 아름다음을 그리워 우는 뻐꾸기인가? 님 그리워 우는 소리인가는 모르겠으나, 이 봄날 철쭉이 별로 보이지 않는 이 길에는 우는 뻐꾸기 소리가 가는 객의 환영의 소리인 듯이 들릴 만하면, 살아지고 살아진 듯하면, 그 깊은 가슴의 소리인양 산에 메아리친다.

내려가는 길은 조심하지 않으면 넘어질 위험이 있는 것처럼 무척이나 가팔랐다. 허나 가는 내내 옆에는 나무가 있고 그 그늘 옆에는 산행을 오신 분들이 편하게 그늘아래 자리를 잡고 맛있게 무엇인가를 먹는 팀들을 많이 볼 수 있었다. 발걸음을 조심조심하며 내려왔다. 기온도 높고 바람이 나무에 가려 그 시원함을 줄 수 없는 곳이기에 땀을 많이 흘리며 관광버스가 기다리는 곳까지 왔다.

온몸이 젖어 내려온 곳에는 많은 물이 고여 있는 산의 호수가 있었고, 그 옆에는 커다란 정자가 멋진 모습으로 있었다. 많은 사람들이 쉬고 있었다. 그 곳에 쉬고 있는 일행에 물으니 한 30분 정도의 휴식 시간이 있단다. 정자가 컸기에 사람들이 앉아 있어도 공간이 넉넉했다. 다들 한구석 쪽에 앉아서 쉬고 있었다. 나는 중앙 쪽이 비어 있는 넉넉한 공간을 보고 "옳다, 됐다," 생각하고 그 곳에 가서 윗옷도 벗고, 양말도 벗고 대자로 푹 펴고 누었다, 편했다, 산에서 불어오는 시원한 바람이 님의 향기 인양 부드럽고 감미롭게 불어온다. 그 시원하고 부드럽게 부는 바람에 감미로운 잠으로 찾아온다.

그 몇 십분 짧은 시간에 낮잠을 즐기며, 잠결에 이정도 팔자이면 사나이 팔자, 빌 게이츠, 스티브 잡스, 이건희 회장 등이 하나도 부럽지 않은 팔자다. 이 순간만은 기분 좋게 낮잠을 잤다.

자는 위로 봉화산의 정기 가득 담은 시원한 자연의 바람 불어 왔다.

자연 속에 내가 있었고, 자연이 내속에 있었다.

친구

싱그럽고 신선한 바람이 분다. 귓가를 스쳐가는 바람, 여름의 바람이 아닌 가을의 시원하면서도 상쾌한 바람처럼 기분 좋게 흐른다. 푸르른 녹음, 군림을 이루어 보기도 좋게 활짝 핀 백일홍의 아름다움, 그 옆에 피어있는 만수국과 여름철을 장식한 여러 꽃들이 피어있다.

이곳은 대청호수를 끼고 대전의 계족산으로 가는 곳에 있는 오리요리를 전문으로 하는 식당이다. 한 친구가 점심으로 오리고기를 산다고 하기에 8명이 모였다. 야외에 친구들이 쭉 둘려 앉아 시원한 나무그늘 아래 넓은 평상에서 오리 백숙에다 그 뒤 나온 오리죽[메밀이 들어간 둘이 먹다 둘이 죽어도 모를 정도의 환상의 맛]에 다 낮술을 한잔씩 하니, 이 맛이야말로 천국에서 신선들이나 맛볼 수 있는 멋과 맛이리라.

그리고 마시는 이 술은 동서고금을 통 털어 제일 맛있다는 공짜 술이니, 가까운 친구들 있겠다. 재미있는 대화로 웃고 떠들며 최고로 맛있는 공짜 술을 마시니 모든 분위가가 좋을 정도가 아닌 황홀한 정도였다. 확실히 나는 공짜 술과 친구들에는 약한 인물인가 보다. 그래서 그런지 다음 주에도 산다는 그 친구 머리를 보니 머리통이 둥그렇게 잘~알 생겼다. 확실히 술 사는 친구들은 이쁜 놈 같다. 나도 친구들에게 잘 보이려면 술부터 많이 사주어야 할 것 같다. 낮술에 취하면 위아래도 모른다고 했으니, 술이 계속 땅기지만 조심하지 않을 수 없다.

평상에 누워 이 시원한 계곡타고 불어오는 산바람에 신선처럼 한잠 자고 가자는 친구도 있고, 천당이 별거냐? 이곳이 천당이다! 하는 친구와 요즈음 갑자기 죽은 우리와 나이가 비슷한 예전의 수영선수 이야기와 친구 사무실에서 친구가 키우는 개에 거시기를 정통으로 물려 거시기에 붕대를 감고 고생한 이야기(이 친구는 개에 일 센치 만 깊게 물려도 현대판 내시 될 뻔했음) 등 정신없이 웃다보니 시간이 흘려 다음을 기약하고 웃으며 헤어졌다.(오늘 점심 산 고종훈이 멋진 놈이여.)

토요일, 5명이 모여 조촐하게 술 한 잔을 했다. 술 마시는 모임인 '봄날은 간다' 회원들이었다. 한잔이 거하게 될 때 쯤 대전에서 동창회를 마친 4명이 합류를 했다. 한참을 더 마시고 있는데 음악세상 장사를 일찍 마친 제창이라는 색스폰의 달인인 친구가 또 4명과 같이 왔다. 이렇게 어우리고 어울려 새벽 4시가 되어서 술자리를 끝내고 잠자리에 들었으니, 머리인들 맑으랴? 속인들 좋으랴?

아무런 눈치 보지 않고, 소리치며 마실 수 있는 자리, 이곳이 천산 농장이다. 지금은 어디든지 마음대로 노래 소리 높일 수 있는 곳, 마음껏 소리 높여 토론할 수 있는 곳. 이런 곳에서 벗들과 또 인연이 있어 한자리 같이 한 사람들과 잔을 부딪치며 소리 높여 노래도 부르며 한잔하는 이 맛을 그 무엇에 비하랴.

세상에 꼭 호화롭게 벅적지근하게 먹어야 맛일까? 친구들과 마시는 이 자리가 호사스런 자리가 아닐까? 벗들과 보내는 이 자리가 오랫동안 계속 되길 바라고, 뜻을 같이 할 분들도 계속 동참하길 진심으로 바란다.

벗이란, 서로 만나 기쁘게 인사하고 즐거운 마음으로 잔을 들어 큰소리로 축배를 할 수 있다면 이 또한 인생의 좋은 술벗이 아니고 무엇일까?

토요일과 일요일 새벽까지 술을 같이 한 술벗들의 건강한 시간이 되는 월요일이길 바라며, 다시 만나 잔을 부딪칠 때까지 나 역시 앞에 놓인 시간들 잘 보내리라.

늙는다는 것

간혹 무엇을 해도 심드렁하니 재미가 없는 경우가 있다. 오늘은 술도 마실 마음도, 책을 읽고 싶은 마음도 없다. 그냥 머리로 먼 훗날을 그려본다, 나의 취미중 하나는 미래를 그려보는 것, 그 속에서 운명이 나에게 명하는 그 길을 꾸준히 생각해본다.

인간의 단련이란 어디까지 일까?도 생각해 본다. 나는 아직도 나의 감정을 추스리고 감추는 데는 좀 더 많은 시간이 필요함을 느낀다. 여자에 대한 열정도 식었고, 돈에 대한 열정도 별로 없다.

명예에 대한 열정도 없다. 단, 신께서 허락한 나의 길, 그 길은 알 것도 같고, 초점이 맞지 않는 렌즈 같은 느낌이다.

나는 노련해지는 것인가? 아니면 늙는 것인가? 늙는 시간이라면 아쉽고, 여유롭게 노련해지는 시간이라면 보낼 만한 시간이리라. 둘려 봐도 부족함이야 별로 없지만, 부족함을 느끼지 못함도 문제일 것이다. 이런저런 잡생각에 빠져 보는 이것이 내가 늙는다는 것인가?

친구가 말한다. 돈도 안 되고, 머리만 아프고, 사서 고생하지 말고, 사업을 정리하고 남은 돈으로 서울에 아파트 몇 채 사놓고 놀려만 다니면 몇 년 안 되어 지금 사업하는 것보다 수십 배 돈이 되는, 망할 걱정도 없는 '땅 짚고 헤엄치기' 란다.

정말 그런가? 아파트만 사놓으면 땀 한 방울 흘릴 필요 없고, 머리하나 쓸 필요 없이 시간 만 가면 뭉치 돈이 저절로 굴려올까? 그렇게 쉽단 말인가? 밤 세워 고민할 필요도 없고, 어떠하면 이 조직과 살아가나 하며 뼈를 깎는 고통이나, 항시 자금의 부족함을 고민을 할 필요나, 항시 내일을 생각할 필요도 없이 시간만 보내면 된단 밀인가?

식당이나 자동차 부품을 생산하다 잠도 못자고 죽도록 고생하다 망한 인생을, 진정 목숨을 걸고 사업을 하다 잘못된 친구들을 말하며 자기돈 다 버리고 남은 것은 집안의 해체요, 지구를 떠나게 해야 될 인물로 노조에 찍혀버린 친구들의 사례들을 친구는 나에게 말한다.

자신은 몇 억도 주지 않고 산 아파트가 지금은 다 몇 십억이 넘는, 한마디로 땀방울 하나 흘리지 않고 손 안대고 코픈 똑똑한 자신을 자랑한다.

나보고 멍청하단다. 돈은 그렇게 땀 흘리며 고통스럽게 버는 게 아니란다. 유명인사 치고 서울에 아파트 자기 명의든, 타인 명의로든 몇 채 안가진 자 없다며, 돈 갖은 자 모두가 서울의 땅에 투기하니 서울의 아파트, 땅값이 안 오를 수 없다고 한다. 이런 길 놓아두고 피, 땀 흘려 사업하니 바보란다.

그런가? 국가야 망하던 말 던, 사회가 어떻게 되던 말 던, 남은 돈 아파트 몇 채 사놓고 놀러 다녀? 나도 좀 똑똑하게 살아볼까? 힘들여 사업하는 나는 친구 말처럼 바보인가? 그래도 난 바보가 좋다. 대한민국 모든 사람이 다 서울의 땅과 아파트에 투기해도 나, 한 사람이라도 아니 하련다.

친구여,
투기 잘해 돈 많이 벌어 잘 먹고 잘 살아라.
너는 너요, 나는 나다.
나는 내 길을 가련다. 신이 축복하는 이 길을~.

똑똑한 후배와 인생의 강물

술을 한잔 하게 되었다. 어떤 취미 활동을 같이 하는 관계로 한 달에 한번 정도 만나는 친목 모임에 나이 차이가 많은 젊은 친구도 있었다. 그중에 한명이 '형님, 형님' 하면서 살갑게 대해주며 신경을 써주어, 나하고는 가깝게 지내는 사이인데, 40이 다되어가는데도 아직도 총각이다.

나는 술을 어느 정도 마시고 마음도 평안해져 그 젊은 후배에게 물었다.

"어이 후배, 요즘 만나는 여자 있나?" 하니 있단다.

"그래 잘되었다, 언제 소개 해주어야지!"하니 조만간에 전화 드리고 소개를 하겠단다.

"근데 형님, 그 여자 나보다 나이가 5살 많은 연상입니다."

"그래 이쁜가?"

"별로입니다,"

"잘 빠졌나?"

"보통입니다."

"그래, 애교가 많은가?"

"그것도 보통입니다."

"직업이 좋은가?"

"그것도 아닙니다."

"그래, 나에게 소개해주려고 할 정도면 앞으로 같이 결혼하려고 하는 여자인데 같은데 다 보통이라는데 왜 교제를 하고 있나?"

"그 여자 이혼녀입니다."

"뭐, 이혼녀?"

"예~!!"

"이혼녀 하구 왜~?"

"형님, 그 여자 크게 뛰어난 여자는 아니지만, 나를 따뜻하고 편하게 해주고, 나처럼 평범한 놈을 사랑하고 있기에... 또, 별다른 여자도 없어 그 여자하고 살려고 합니다. 그리고 실은 그 여자 아파트도 몇 채 있는 여자입니다~!" 하며 눈을 빛내며 나를 쳐다본다.

가만히 그의 눈을 쳐다보았다. 이 친구가 똑똑한가? 생각을 해본다. 평범한 직장인으로써, 남자로써 사십의 나이가 되어가고 크게 가진 것은 없고, 큰 꿈도 주식 투자에 말아먹고 사는 그가 이혼녀인 연상의 여인을 택하려 하는 것은 빤하지 않는가?

일단은 물질적인 안정을 얻고 싶었을 것이 아닐까? 극소수의 사람을 제외하고는 남자가 자기보다 연상의 여자를 택하려 함은 약해졌다는 이야기가 아닐까? 하는 생각이 든다. 세상과 정면으로 부딪쳐 가기에 빈손으로는 어려움이 많아서 일거다.

나를 좋아하는 여인이 돈을 많이 갖고 있다면, 좀 나이를 나보다 더 먹었어도 어떨까? 그런 여인을 택하는 것도 또 다른 살아가는 정당한 방법의 하나일지도 모른다. 내가 가진 것이 많으면 연상을, 아니 이혼녀를 내 여자로 하지는 않을 그 정도의 현명함을 갖은 후배니까,

"그래, 올바른 판단이라 생각한다, 인생이란 정해진 행복은 없으니까 그 길도 너의 길이다. 앞으로 오랜 동안 너의 판단이 현명한 판단이길 바란다."

"자, 잔을 들어라, 똑똑한 후배여~!!" 그 후배하고 웃으며 잔을 부딪치고 소주를 단숨에 들이켰다. 후배의 판단이 올바르길 바라면서~.

한 여인에게서 전화가 왔다. 한 4개월 만의 전화라 반가웠다. 내가 회장으로 있는 취미 클럽의 회원이다. 그동안 전화를 한번 할까? 하다가 차일피일 미루다 보니 벌써 몇 달이 지났다. 전화를 받으면서 내가 좀 무심했나? 하는 마음이 들었다.

"아이구, 반가워 잘 지내셨나"

"잘 지내었요, 선생님도 잘 지내시죠?"

"그래, 그동안 전화라도 한번 한다는 것이...좀 바빠서~미안하이."

"아뇨, 그리고 이번에 내가 전화번호를 바꾸는데, 앞으로 전화해도 안 될테니 이젠 전화 하지 마세요."

"그래, 내가 전화 자주 안하는 편인데 전화번호 알려주면 안 되나?!"

"그리고 내가 운동을 안 할거니 내 운동기구도 딴 사람 통해서 갖다 주세요."

"어, 근데 왜 그러지?"

"내가 좋은 사람이 생겨서요. 그러니 앞으로 전화 하지마세요."

"그래 참, 알았다구." 그렇게 전화를 어물어물 하게 받는데 전화를 끊는다.

내참, 기가 막혔다. 몇 년 알아온 사이다, 깊은 사이는 아니었지만 그렇다고 결코 가벼운 사이도 아니었다. 외국에서 오랜 동안 공부를 한 피아니스트데 괜히 콧대만 높게 행동해 어느 정도 거리를 두고 같이 운동을 한 사이이다.

남편과 사별한지 몇 년 되었지만, 밝고 환하게 아들 둘과 사는데 아들들도 다 제대로 바르게 성장해서 두 명 다 남들이 부러워할 직장에 근무를 하고 있다. 나 역시 이들과의 사이에서 신사답게 행동을 했는데, 내 잘못 몇 달 동안 전화하지 않은 죄밖에 없는데 기분이 얼얼 하다. 내가 이렇게 결별의 전화를 받아야 하나 생각하니, 뒷맛이 찜찜하다. 좋다고 따라 다닐 때는 언제 구 이러나 싶기도 하다. 화창한 날에 무엇인가에 한방 맞은 것 같다.

몇 달 후 이 여인에게 연락이 왔다. 아는 분의 소개로 홀아비 의사를 만났는데, 그 의사가 안 좋게 생각 할까봐 그랬단다. 그에게 반해서 아는 남자들에게 다 연락하지 말라고 통보했단다. 그러나 그 의사와 사이가 끝났단다. 이제는 연락해도 된다 하면서 언제 식사나 같이 해요 하니, 입맛이 쓰다.

술에 취해 하는 넋두리

오늘은 대전에서 잘 아는 분이 식당 개업하여 축하 차 들려 또 많이 마셨다. 되도록 조그만 마실까? 하는 생각을 했지만, 이 또한 마시는 즐거움이 크기에 마셨다. 개인적으로 술을 적게 마시려고 글을 쓰는 작가도 되었지만, 벗들과 함께 마시는 이것 또한, 삶의 행복이 아니고 무엇이겠는가?

술에 취해 보는 새벽이다. 오후에는 조상님 제사 때문에 부산 구포로 가야한다. 이렇게 인간답게 살아갈 수 있는 모든 토양을 주신 조상님들에

게 무한한 감사를 드린다. '조상님, 감사합니다. 잘살다, 꿈을 이루고 갈 테니 걱정 마세요.'

술 마시는 중에 나온 어느 분의 이야기다. 종교를 믿는다는 며느리를 둔 사람의 하소연이 생각난다.

"우리 며느리가 제사 때, 절을 않는 다우. 조상도 죽은 뒤는 귀신, 귀신에 절하면 안 된다 구."

그분의 며느리는 믿는 신만 있고, 오늘 날 자신을 있게 한 조상은 나쁜 귀신이란 말인가? 조상이 없이 우리가 어떻게 있단 말인가?

제사는 조상에 대한 예의가 아닐까? 어느 종교가 조상에 대한 예의까지 무시하라는 한단 말인가? 그렇게 속 좁은 종교도 있다니......

요즈음 외국에서 어떤 식당에 가면 안 된다는 속 좁은 높은 분의 사고와 같은가 보다. 뿌리를 무시하고, 인정을 하지 않고 어떻게 꽃피는 사후의 행복이 존재한단 말인가? 누가 갔다 왔나, 그곳에는 조상을 섬기는 사람들은 별을 주나?

조상의 제사에 절도 않는다는 며느리는 빨리 죽어야 신이 좋아할 텐데, 조상까지 무시하고 자신은 신만 섬겼다고 표창장을 받을 수 있을 것 같다. 빨리 갈 사람 많아서 좋다. 기분 좋은 밤이다. 술 한 잔 하고 나니 이런 시시한 잡생각도 하다니 조상님에게 예의를 드리는 내일, 아니 오늘을 위해 잠이나 빨리 자야겠다.

우리 형제는 6남매다.

첫째부터 다섯째까지는 남자고 막내가 여자다. 어려서 고향에 살 때는 강아지처럼 고물고물하게 뭉쳐 살았다. 남자 형제가 많았기에 커오는 과정에서 갈등도 많았었다. 밥 먹을 때나 심부름 할 때, 첫째에게 시키면 '동생, 네가~' 하다 보면 마지막에는 막내의 차지가 되어, 막내는 울면서 어머니에게 하소연을 한다.

결국은 어머니가 부시 갱이 들고 큰아들을 혼내며 큰아들은 바로아래 혼내고 그렇다보면, 그 화살은 결국 막내 남동생에게 돌아가는 것이었다.

겨울날에는 한 이불 속에서 장난으로 간지럼 태우기, 발차기, 씨름, 나중에는 싸우면 결국은 회초리를 들고 마귀할멈처럼 등장하는 어머니이 하는 말 "이 웬수같은 아들놈들아~ 잠 좀 자라~응 !!" 하면 잠잠 하다가 어머니 가면 10분도 안 되어 제2차 전쟁이 나 울고, 웃고, 소리치고, 뒹굴고 하였다.

옛날에 우리 어머니가 입에 달고 다녔던 이야기는 "내가 아들이 다섯이 아니고 딸이 다섯이었더라면 팔자가 폈을 텐데, 아들이 다섯 놈이라 모든 집안일 내가 다 하구, 내 팔자야~!!"하면서 딸 많은 집을 아주 부러워했다.

그러면서도 좋았던 일도 있었으니, 어느 날 어떤 아저씨하고 싸워서 원색적인 욕을 먹고 억울해서 하소연 하는 어머니를 격분한 우리 오형제가 '가서 혼내자' 하고 그 집에 찾아가 그 아저씨 나오라고 큰소리로 쳐 동네가 떠나가도록 떠들어대자 겁이 난 그 아저씨 벌벌 떨면서, 나중에는 그 집 여주인과 같이 싹싹 빌어서 용서했던 우리들.

오형제의 막강함을 보여주어 그 뒤로는 우리 어머니도 어깨에 힘 좀 넣고 다녔지만, 그런 일 빼고는 말썽이 많았던 우리의 형제들이 크는 과정에 크고 작은 일이 끊임없이 일어나 집안에 바람 잘날 없었었다.

그러나 그런 형제들도 성장해 자신들의 가정을 갖고 일을 갖고 살다보니, 집안의 결속 진원지였던 어머니의 별세 후, 일 년에 몇 번도 만날 기회가 없이 많은 세월이 흘렀다. 아버지를 비롯하여 모든 형제가 우리의 다음 세대인 조카의 결혼식에 축하차 오랜만에 만났다. 보통 우리가 만나는 제사 때도 각자의 일이 있어 다 모이기 어려웠으나, 오늘은 우리 형제가 다 모였다. 활동적인 우리의 시절은 가고, 새로운 세대의 시절이 우리 가족에게도 왔다.

앞으로 우리 가족의 일원이 될 며느리이나 사위들이 좋은 인연으로 잘 들어와서, 그들도 잘살면서 가족끼리의 만남이 마음에서 울어 나오는 환한 미소들을 볼 수 있기를 바라야겠다.

웃는 이유

오랜만에 고향 친구들과의 만남이다. 그중의 몇은 그래도 대전에서 자주 보는 사이지만, 나머지 친구들이야 말로 어떤 모임이나 가족의 결혼이나 상을 당했을 시에 한번씩 볼 수 밖에 없었는데, 오늘은 한 친구의 딸이 전남의 상징인 광주에서 결혼을 하기에 정기적인 모임을 겸한 결혼식 참석으로 정해 서대전역에서 모여 차 3대로 광주에 가 식장에도 참석하고, 그 후에는 정기 모임으로 회의와 만남의 즐거움을 마시고 이야기 하는 시간으로 정하고 호텔도 미리 정하고 만났다.

3대의 차중에 한대는 내가 운전하는 차였다. 내차에 탄 친구들과 오랜만에 끝없이 웃고 던지고 던지는 실없는 농담 속에 눈발이 살살 날리는 호남고속도로를 달렸다. 그리 여유롭게 도착 시간을 잡지를 않아 도착하면 되는 여유도 없지만 늦지도 않는 시간이기에 무리하지 않게 110~120Km로 달렸다.

정읍 휴게소가 멀지 않은 곳에서 갑자기 차들이 막힌다. 앞 차들의 흐름을 보니 틀림없는 사고가 앞에서 발생했는지, 흐름이 멈추었다 겨우 조금 가는 상태로 바꾸었다. 친구들이 걱정을 한다. '이렇게 가서는 식이 끝나고 겨우 도착일 텐데' '저 앞에서 경찰차의 비상등이 보이니 사고가 먼 곳이 아닐 것이다. 요즈음은 고속도로에서 차량소통이 최우선이니 아마 20분 안에 길은 뚫릴 것이다'라며 여유를 부린 대로 20 분 정도가 지나니 차가 움직인다. 3백여km에 가니 사고현장이 보인다.

완전 반대로 틀어지고 앞이 많이 손상된 차가 견인되고 있었고, 서로 추돌한 차들이 갓길에 있었다. 많이 부서진 차들을 먼저 끌고 갔을 텐데 남겨진 차들을 보아 분명 몇 사람은 중상이상의 피해를 입었을 사고로 보인다.

우리 인간들이 운명을 알까? 저 사고 난 저 사람들이 10분 후의 운명을 알았을까? 아니다, 우리 인간은 바로 앞의 운명의 흐름을 볼 수 없는 존재이기에, 우리는 되도록 주어지는 시간에 충실하거나 열심히 살아야 한다. 그러기에 우리가 만난 이 시간 소중한 시간을 잘 보내자, 했다.

겨우 시간에 맞추어 식장에 도착했고, 예식을 보고 난 뒤에 같은 건물에 있는 부페식 식당에 갔다. 식장도 30층이었듯이 딴 곳보다 넓게 자리를 잡은 예식장이었다. 우리 친구들 식당의 한 쪽에 자리를 잡고 식사를 하고 여유롭게 담소를 즐겼다. 한 십여 명 모였다. 식사를 하고 술도 한잔하고 차를 즐기면서 이야기 하다 묘한 점을 발견했다.

모인 친구들 절반 가까이는 여자 친구들이었다. 식사도 부페식이었기에 다들 자기의 양보다 더 먹었고 간혹 술을 하던지 차들을 마시고 있는데 한 시간 가까운 그 점심의 시간에 몇 명의 친구는 아직도 앞에 음식 접시를 놓고 이야기 하면서 먹고 있었다. 놀라운 사실은 그 몇 명의 친구가 다 여자였다. 주변을 보니 남자 중에서 음식을 먹고 있는 친구는 없었다.

그러고 보니 여자 친구들 중에서 늘씬한 몸매를 갖고 있는 친구는 한명뿐이었고, 나머지 모두는 약간의 차이는 있었지만 봐 주기에는 좀 난처한 몸매(?)의 소유자들이었다. 남자 친구들을 둘러 보았다. 한명도 비만함이 없었고, 대부분 균형을 갖춘 보기 좋은 몸이었다. 남자 친구들은 아직 다들 균형이 있는 몸이었으나, 여자 친구들은 대부분 멋을 포기한 인물로써 이 시간에도 저렇게 왕성한 식탐(?)을 보이면서 먹고 있다니, 그들이 얼마 전까지 멋을 자랑하며 깔끔을 떨던 인물들인가 싶어 천천히 그들을 둘러 보았다.

풍만한 그들의 얼굴에 세월의 흐름이 덕지덕지 하게 붙어 있었다. 이런 게 세월인가 싶었다. 갑자기 웃고 싶었다. 일어서서 크게 웃었다. 모두들 눈이 휘둥그레 뜨고 놀라서 본다, 옆 자석에서도 본다. 그 누가 아리랴! 내가 웃은 까닭을......

나에게 농담으로 말한다. 나처럼 자유롭게 다니는 사람은 무능력자란다, 인정하기는 싫었지만 그 이야기를 같이 들었던 나하구 친구는 고개를 끄떡이며 수긍을 했다. 그리고 인정을 했다 '무능한 자' 라구, 과연 나는 무능한 자유인 인가?

이야기는 이랬다. 나하고 부담 없는 농담을 할 수 있는 단골 식당에 갔다. 그 식당은 작은 규모라 여주인이 전화하는 소리를 식사를 하면서 내용을 다 들을 수 있었다. 여주인도 들어도 될 내용이라 생각했는지, 식사를 하는 우리를 별 의식하지 않고 전화로 대화를 한다. 돈 이야기 같다.

상대가 사업상 돈이 좀 필요한가보다. 서로 웃고 대화를 한다. 식사를 하다 들으니 귀가 가는 소리가 나온다.

"야~! 그래 이럴 때, 그래 얼마가 필요해? 하고 해결해 주는 능력 있는 사람이 필요하면 소개할까?'한다.

상대가 뭐라고 말하는 가 보다, 그 말을 듣고 통화를 하던 여주인

"그래, 그래 맞다. 나도 가둬 놓겠다." 하며 한참을 웃더니 전화를 끝낸다.

"어이, 사장 누굴 가두나~?"

선생님 같은 사람 무능력자는 관계없단다.

"어~허 나보고 무능력자라구~나도 능력 있는 사나이여"

하니 능력 있는 사람은 안돌아 다닌단다, 집안에 다 갇혀 있단다.

"뭐라꼬, 능력 있는 자는 다 집안에 갇혀 있고 무능력자만 돌아다닌다고?" 그렇단다.

"왜?'하니 친구가 사업상 자금이 필요해 능력 있는 사람 소개 할까? 하니 '그래 그 정도는 내가 해결하지' 할 만한 남자는 없단다, 왜? 없냐 하니 그 정도 능력 있는 남자는 요즘 여자들이 어떤 여자들인데, 누가 채 갈까봐 집안에 가둬 놓는단다.

그 이야기 듣고 보니 자기도 그런 남자가 있으면 손 탈까봐 집에 가둬 놓아야지, 그냥은 못 내놓는 단다. 기가 막혔다. 그리고 수긍도 갔다.

"그래 맞구만, 우리처럼 별 능력 없는 자들만 여자들이 안심하고 내놓고 있구먼, 내놓아도 누가 채가지도 않을 거니. 그래 좀 창피하지만 우리는 무능력자다, 안 그러나 친구? 하하하" 하니 친구도 웃어가며 맞는단다. 우린 웃으며 무능력자임을 자인했다.

갇힌 자= 유능한 자

자유로운 자= 무능한 자

요즈음 세상이 그런가? 남자가 유능하면 여자에게 갇혀 집안에 있고 나 같이 자유롭게 사는 사람은 무능력자인가?

"아이~구, 여자가 무서워라!"

관세음보살은 석가모니 입적 후, 미륵이 출현할 때까지 우리 중생의 고통으로부터 지켜 준다는 보살이다. 그래서 불교를 믿는 분들은 누구보다 많이 관세음보살을 찾는가 보다. 관세음보살 이라는 말만 되풀이해도 복이 온단다. 종교를 떠나 복을 받는다는 것은 좋은 것이라 생각한다. 어느 신을 믿더라도 그 신이 그에게 복을 주거나, 영혼을 만족하게 한다면 믿지 않는 것 보다는 좋으리라.

오늘 사무실에 나하고 조금 안면이 있는 관음심 이라는 분이 나를 찾아왔다. 왜! 관음심이냐? 물으니 자기는 불교를 믿는 사람으로 대자대비한 관세음보살의 마음으로 살려고 관음심이라고 지었단다.

요즈음 세상, 자신의 이익만을 위해 살려는 사람이 많은 세상에 관세음보살의 마음으로 살려 한다니 참으로 기특한 여인이다. 좋은 마음으로 세상을 살려 하니, 그런지 참으로 얼굴이 맑았다.

사람은 눈을 보면 알 수 있는 것이 많다. 마음이 맑지 못하든지 좋지 않은 생각으로 사는 사람은 말을 안 해도 대부분 자세히 보면 눈동자가 안정을 찾지 못하거나 풀린 눈인 경우가 많다. 그런데 이 관음심이라는 여인, 참으로 맑은 눈을 갖고 있었다.

인생을 살아가면서 맑은 영혼을 갖고 있는 사람을 만나 이 이야기, 저 이야기 등 대화를 나눈다는 것은 즐거운 일의 하나이다. 관세음보살의 마음을 갖고 주위를 따뜻하게 한다는 관음심 이라는 여인, 그 여인 좋은 생각과 사고를 갖고 있기에 다시 보는 그 얼굴이 더 환한 것 같다.

이 세상을 위한 넓은 마음으로 살려고 하는 '관음심' 이라는 분에게 자주 사무실에 들리라고 했다. 좋은 사람을 자주 보는 것도 현명하게 살아가는 방법의 하나이니까. 나는 나쁜 사람은 싫다. 똥을 옆에 놓고 있으면 자동으로 그 냄새가 배일 것이고, 향기 나는 꽃을 옆에 두면 그 향기가 배일 것이 아닌가?

좋은 사람, 마음이 넓고 고운 사람이 나는 좋더라.

자전거

'아, 억울하다! 꽃 같이 좋은 세월 언제 다 보내고, 이제는 다리 힘이 떨어져 다리 힘 걱정하는 신세가 되었도다.' 라고 한탄하는 신세가 남 아닌 내 신세가 될 줄이야.

10년 전, 20 년 전에 그 누가 알았으랴? 팔팔하던 나, 머슴 삼돌이처럼 힘 좋았던 나, 때론 변강쇠 같았던 나, 그런 내가 서리 맞은 배추처럼 힘없는 나, 이제는 천하의 양귀비를 붙여 줘도 힘 못 쓸 것 같은 처량한 신세가 되었으니, 그 누구를 탓하랴! 가슴이 허하고 썰렁해 흐르는 눈물이 바다를 이루는구나.

이대로는 죽을 수 없다는 절박한 심정에 눈에 빛을 뿌리며, 나는 큰 각오로 죽음을 무릅쓰고 결심을 했다. 시간 나면 술 좀 줄이고, 그 시간에 가볍게 산에 오르기로 1차 맹서를 하고, 한 달에 2~3번 가까운 산에 4시간 미만의 등산을 하기로 하였다. 한꺼번에 많이 하면 몸이 탈날까, 살 살 무리 없이 실천하기로 내 자신에게 약속을 했다.

가벼운 등산만 하기에는 무언가 아쉬워 자전거를 타기로 하고, 자전거를 사고 간단한 장비를 마련하여 대전시 유성구 갑천 강가에 마련된 길에서 유등천까지 달리면서, 잘 닦여진 그 길을 따라 흐르는 물과 가을날의 아름다움을 만끽하며, 세상에 이런 묘미도 있었구나 하고 놀랐다.

나의 힘이 동력이 되어 물처럼 흐르는 자전거, 얼굴을 스치는 바람의 시원함, 펼쳐진 자연 속에 흐르며 가볍게 나는 땀에 너무 기분 좋은 시간이 흐른다. 나는 앞으로 자전거 열심히 타기로 했다.

자유로워졌다. 차를 타고 다닐 때는 음주 운전을 하지 않는 습관 때문에 낮에 술을 마시는 개념 자체가 없었다. 자전거를 타고 보니 자유로이 다니다가 경치 좋고, 그 어떠한 풍경에 가슴이 젖어 든다면, 그 흥에 낮이던, 어느 시간이든 관계없이 흥취에 젖어 한잔을 할 수 있게 되었다.

오늘도 업무를 간단하게 마치고 자전거에 몸을 실었다. 그렇게 춥지 않은 날씨에 적당한 속도감을 느끼며 하천변의 좋은 도로를 따라 갈수 있는 길로 힘차게 페달을 밟았다.

자유란 무엇일까?

사람에 따라 다르겠지만, 내가 가고자 하는 곳을 자유롭게 즐기며 갈수 있다는 것은 자유 중에서도 중요한 자유라는 생각이 든다. 다른 어떤 힘을 빌리지 않고 나의 원초적인 체력의 힘으로만 달리는 자전거는, 어떤 길은

▲지인과 자전거를 타는 모습

가던 나의 판단으로 가고, 멈추고, 속도를 줄이고, 속도를 내는 것 또한 나의 자유였다. 누구에게도 별다른 구애를 받지 않고, 주변의 자연에 머무르며 즐기면서 달리는 나의 선택, 고통스럽지 않고 즐겁게 몸의 피로를 느낄 수 있는 마음. 그러나 앞을 조심스럽게 살피며 달려야 하는 판단력을 요구하는 자전거 타기, 내가 갖고 있으면서 잘 모르고 있었던 나의 몇 가지 요소 중 또 다른 자연을 볼 수 있는 새로운 것에 눈을 뜬 기분이다.

마음껏 달리다 적당한 피로가 오기에 자연이 아름다운 공원으로 가서, 밖이 환히 보이는 매점에서 맥주를 마시며 오가는 사람과 아름답게 꾸며진 경치를 보니, "아, 이것 또한 큰 행복!"이라고 하면서 마음 깊은 곳에서 감탄이 샘처럼 솟아난다. 이러한 적은 행복이야 누구나 누릴 수 있는 행복이 아닐까? 단, 행동으로 실천할 수 있는 사람만 누릴 수 있다.

사람은 나름대로의 행복을 찾는 방법도 다르겠지만, 앞으로 나는 내가 갖고, 누리고 있는 여러 행복 중에 자전거 타면서 눈으로 즐기고, 보고, 느길 수 있고, 누릴 수 있는 행복을 여유로운 마음으로 오래오래 누려야겠다. 고 나 자신에게 약속하였다.

맥주를 하나 더 마실까 생각하다 다음 목적지에서 하기로 하고 일어났다. 허벅지에 기분 좋은 뿌듯한 피로를 느낀다. 걱정스러운 밖의 업무 생각이 잠깐 머리에 스친다. 지금 고민해도 풀리지 않을 문제다. 그럼 자전거 타면서 천천히 해결책을 생각해 보고, 해결책이 떠오르지 않으면 저녁에 다시 생각하기로 하고 자전거에 몸을 싣는다.

'고민하여 해결되지 않을 문제를 다음으로 미루고, 상쾌하게 페달을 밟으면서 이 시간을 일단은 즐기리라. 아, 행복한 시간이여'.

오후부터 날씨가 추워진단다. 더 추워서 자전거를 못 타기 전에 한번 더 타자는 생각으로, 복장을 갖추고 길로 나섰다. 바람이 차게 분다, 그러나 추위는 준비하지 못할 때 느끼는 것이 추위지, 완전 무장을 하니 추위는 별 것 없다.

이 자전거 타기가 나에게 어느 면으로는 자유를 주었다. 운동의 보람과 혼자만으로도 어느 속박이나 구속이 없이 항상 편하게 내가 원할 때, 자연을 땀 흘리며 즐길 수 있으니, 시간 만 있고 마음의 의지만 있으면 언제라도 몸을 움직이며 적당한 속도감을 느끼며 내가 원하는 쪽으로 갈수 있으니, 자유는 이러한 것을 말하는가 보다.

얼어있는 강가를 찬바람을 맞으며 달렸다. 땀이 차기 시작해 내가 자전가를 탈 때, 중간에 쉬는 곳이 있는 뿌리공원 휴게소에 들렀다. 오랜만에 오니, 이쁘게 생긴 여사장이 반가이 맞이해준다. 차를 한잔 마시고 실없는 농담을 몇 마디 하고 땀을 식혔다.

사람이란 조건 없이, 이유없이 어떤 깊은 사이가 아니더라도 그냥 편하게 만나면 웃고, 농담도 하고, 차도 한잔 마실 수 있는 그런 편한 휴식처가 있으면 좋은데, 이곳이 나에게 그런 장소다.

사람은 아니 똑똑한 사람은 있어야 할 곳을 알고, 또 떠나야 될 때를 아는 법, 그래야 좋은 사람하고의 인연이 오래 갈 수 있는 것이다.

가벼운 기분으로 일어나 천천히 복장을 하고 찬바람이 불어오는 강변으로 시원한 겨울바람을 맞으며 상쾌하게 달리려 자전거에 올라 페달을 힘차게 밟았다.

술타령

내가 자주 하는 일 중에 하나다. 토요일에서 일요일까지 23명이 다녀갔다. 그들과 같이 식사와 술을 하면서 많은 대화를 나누었다. 왔다 가고, 가면 또 오고 그들에게 왜 왔느냐 물으니 '나 하고 술 한 잔 하려 왔단다.' 내가 잘하는 건지, 못하는 건지 모르겠다. 그러나 그들과 마시는 술이 좋다.

술잔을 높이 들었다. 서로 잔을 부딪쳤다. 꺽어 마실까 하다 그냥 한숨에 쭉 들이켰다. 목젖을 타고 흐르는 술맛이 느껴진다. 순간적으로 어떤 행복을 느껴본다. 사람의 행복이 별건가? 이렇게 일을 끝내고 마음이 통하는 이야기가 되는 벗과 잔을 부딪치며 이야기할 수 있다는 것이 축복의 시간이 아닐까, 생각이 든다.

서로들 마음껏 웃으며 이야기한다. 사업을 확장 시키려고 여러 가지로 분주한 친구, 좀 힘이 드는 일도 자신이 솔선수범으로 일을 하는 친구에게 나는 말한다.

"우리가 사는 과정에 어떤 목표를 위해 전진 하는 것도 좋고, 그 성공도 중요하지만 일 좀 줄이고 이런 시간을 즐기는 것, 이런 시간이 행복의 시간 아니냐, 자주 보자. "

그 친구 묻는다.

"그럼 너는 왜 적지만, 이 불경기에 머무르지 않고 확장을 하나?"

"나, 머무르면 망하기에 망하기 싫어 전진한다.!"

"하하하, 나도 그렇다. "

"사업의 승패를 떠나 즐거운 이런 시간을 자주 같이 하자."

하고 잔을 제차 부딪쳤다.

사람에게는 그 나름대로의 맛이 있다. 같이 하면 즐거움이 상승이 되는 친구, 적당하게 대화로 끝내야 되는 친구, 웃는 것으로 끝내는 친구, 취미만 같이 하면 좋은 친구, 술 마실 때만 좋은 친구, 모든 부분을 이야기 하며 많을 것을 공유할 수 있는 친구, 등인데 오늘 같이 마시는 친구들은 대화도, 마음도 통할 수 있기에 술맛이 더욱 좋은 것 같다.

맛있는 술이 무엇일까? 값비싼 외국의 술, 전통주, 맥주, 소주, 모든 술이 그 나름대로 향과 맛의 다름이 있지만 맛있는 좋은 술이란, 술의 종류보다는 누구와 마시냐가 맛을 좌우한다 할 수 있다. 아무리 맛있는 음식도 원수와 먹으면 맛이 있을까? 라면을 나누어 먹어도 정말 좋은 상대와 먹으면, 그 맛이 최고가 아닐까? 생각이 든다.

맘이 통하고, 뜻이 통하고, 마음껏 웃으며 마실 수 있었기에 1차는 갈비

집에서 소주로, 2차는 노래방에서 맥주로, 삼차는 맥주집에서 입가심으로 마셨다. 그리고 늦게 술자리를 끝냈다. 기분 좋게 마셨던 밤이었다. 그러나 너무 마셨나? 아침까지 얼굴에 술기운이 남아있는 것 같다.

속도 좀 더부룩한 것 같다. 배를 좀 쓰다듬으면서 속 좀 풀려고 어디 좋은 해장 없나? 생각하며, 간밤에 즐겁게 마셨던 얼굴들을 떠올리며 그들도 속이 안 좋을 텐데 걱정이 되었다.

이렇게 또 한잔을 했다. 자주 하는 일이지만 싫증나는 일도 있고, 즐거운 일도 있는데 이일은 별로 싫증이 나는 일이 아니다. 세상사 이렇게도 살아가고, 저렇게도 살아가는 것이 아닐까? 마셔도 좋고, 안 마셔도 좋은 것, 삶이란 주어진 앞의 길을 자기 나름대로 즐기며 사는 것이 아닐까?

오늘은 마시는 날

삶은 남과 비교하며 사는 것은 아닐 것
비가 오면 오는 대로
눈이 오면 오는 대로
추우면 추운대로
따스하면 따스한 대로

마실 때는 잔을 높이 들고
마시지 못할 때는 냉수라도 높이 드는 것

좀 즐거우면 어떠하고
좀 비참 한들 어떠리

오늘은 마시는 날 즐겁게 마시리.

사노라니

간밤에 적당히 마신 술에 숙면을 하고 난 후. 어떤 글의 줄거리가 생각나 기분 좋게 글을 쓰면서 이 글을 어디에 올릴까 생각을 하고 있는데 아뿔싸, 갑자기 사무실의 모든 전원이 나가버리는 것이 아닌가? 어느 곳에 누전이 되어 차단기가 내려갔나 하고 확인 하니, 건물 전체가 캄캄하다.

갑자기 불이 들어왔다 또 나간다. 간밤에 천둥과 번개가 밤하늘을 시끄럽게 했는데 직원이 한전에 연락해 본다. 답은 어제의 호우 때문인지 원인 불명의 정전이라 지금 자신들도 애타게 원인을 찾고 있으며, 그 지역에서 문의 전화가 쇄도하고 있으니 최선을 다해 처리하겠단다.

"이러할 때는 불가항력이니, 느긋이 전기가 들어올 때까지 기다리자." 고 나는 말했다. 10여분이 지나자 다시 전기가 들어왔다. 컴퓨터를 키고 아까 쓴 글을 확인하니, 저장도 되어 있지 않고 다 날라 가 버린 게 아닌가! 나는 짜증을 달래며 얕은 컴퓨터의 실력으로 별짓을 다 해도 소용없다.

나보다 컴퓨터의 실력이 좋은 직원에게 물으니, 몇 번 확인을 한 후 말하길 저장도 되기 전에 날아가 버려 다른 방법이 없단다.

열이 목구멍까지 올라온다. 글이란 생각이 났을 때 써야지, 그 순간이 지나면 나중에는 쓸 마음도, 그 줄거리도 생각이 잘 안 나는데, 다 쓴 글이 그냥 한 번에 날아가 버리다니, 싸구려 컴퓨터라 그런가, 주먹으로 칠까? 발로 찰까? 머리로 받을까? 곰곰이 생각하다 '다 부질없는 짓이라, 더운데 열까지 내면 손해지' 하는 생각에 살며시 나는 부글부글 끓는 속을 달랬다. 이런 기분으로 컴퓨터 앞에 있기가 싫어 차를 한잔 하려 나간다.

눈길에 차가 잘 달리고 있다. 몇 년 전만 해도 눈이 나리면 도로라는 도로는 모두 난장판이 되었는데, 요즈음은 합리적인 도로 관리를 하기에 어느 정도 눈이 와도 아무런 문제도 없다. 아까 들린 휴게소도 그렇다, 어제부터인지 휴게소의 안과 밖이 달라지기 시작하더니, 음식의 질, 그리고 직원들의 친절 및 산뜻한 복장 그리고 비데까지 설치된 화장실도 하나하나 느는 것 같다.

우리인생은 시간이 갈수록 퇴보는 적고, 발전은 많기에 세상이 점점 좋아지는 것 같다. 남북문제만 후퇴가 되었는가?보다. 아까 휴게소에서 본 신문에 나온 기사, 이북이 적이라고 국방백서에 기록되었다 한다.

참, 아이러니다.

이북이 적이라니, 이북은 언젠가는 통일이 되어야할 같은 민족이 아닌가? 상부의 권력자 들이 문제지, 나머지 우리들은 같은 핏줄의 동포요, 형제이거늘, 없애야 하는 적이라니 좀 아리송하다.

우리 민족은 세계 최고의 강대국, 중국, 러시아, 일본, 미국에 둘려 쌓여 있어 누구하고도 싸울 수 없다. 이들 나라는 강대한 국가들이니, 이들 국가와 어느 편에 치우치지 말고 정치적으로 교묘하게 이들 사이를 헤엄을 쳐 나가야 한다. 참으로 식견이 높은 정치인들이 많이 나와야 우리가 편하게 살 수 있을 것 같은데, 겨우 하는 일이 동포를 적이라 하니 가슴이 답답하다.

세계에 유일하게 분단되어 서로를 미워하는 이런 상황이, 외국인들의 냉철한 눈으로 볼 때 우리가 어떤 민족으로 보일까? 이런저런 생각을 하며 운전을 하는데 '아뿔싸' 뒷주머니가 허전한 것이 아닌가? 큰일이다 싶어 주머니를 한 손으로 뒤져 보았으나 지갑이 없다. 아침에 옷을 갈아입으면서 다른 것은 책상위에 놓았다 다 챙기고, 평소에 안 입던 바지에 지갑을 넣어든 것 같다. 어제 저녁에 밖에서 지인들에게 술을 한잔 사준 뒤, 옷걸이에 바지를 걸어놓고 딴 옷을 입고 대전에 간다고 출발을 했으니, 벌써 한 시간 정도 고속도로를 달렸으니 난감할 뿐이다.

대전에서 돈을 빌려 쓸까? 하는 생각도 했으나, 돈을 빌리는 것이야 누구에게 빌려도 별거 아니지만, 지갑 속에 있는 각종 카드와 보안카드의 번호들, 그것이 있어야 내가 처리 할 몇 가지 일을 할 수 있는데, 지금 차를 돌려 지갑을 가져와도 왕복 3시간 이상 4시간 가까이 시간상으로 손해다.

그냥 가서 필요한 돈은 빌려 쓰고, 줄 돈은 하루를 미룰까? 하루 정도야 미루어도 별 일이 있겠냐 하는 몇 가지 생각이 뇌리를 스쳤으나, 오늘 일을 미루면 내일은 12월 31일, 모든 일을 하루 미루고 줄 돈도 미루어도 좋겠지만, 신용을 제일로 하고 사는 나의 생활 태도에도 맞지 않다.

가장 가까운 IC에서 방향을 바꾸어 오던 길을 다시 가려고, 가장 가까운 곳이 어디인지 주변을 확인해 본다. 지금까지 하던 잡생각이 멀리 날아갔다. 잡생각을 않고 주변을 살폈더라면 좋았을 걸, 결국 쓸데없는 생각이 3시간 이상을 날려버렸다.

"아뿔싸!"다.

제4장
천산마을의 꿈

승마의 즐거움

단숨에 달려본다. 살아가는데 까짓 것 어려워 본들 얼마나 대단하랴. 오백년 살려고 태어난 인생도 아닌데, 어짜피 한번 살다 갈 인생일진데 하늘을 보고 말위에 올라 힘차게 달리자고 말에게 큰소리로 호령을 해본다.

여름철의 변화무쌍한 하늘이 한눈에 들어온다, 말을 근육의 움직임이 느껴진다, 나의 심장의 소리도 들리는 것 같다. 산다는 것이 새롭게 느껴진다.

▲애마를 타고 농장을 둘러보는 필자

우리의 인생, 말 등에서 느끼는 박진감, 느리지만 율동적으로 다가오는 속도감, 말과 한 몸 으로 힘차게 달리면서 생활에서 느끼는 문제를 날려본다. 말과 달린다고 어려움이 날려갈 리야 없겠지만, 순간의 연속이 인생이 듯 이 순간 살아있음에 환희를 느껴본다.

살아 있기에 이 말의 힘찬 힘의 파장을 느끼고, 살아 있기에 이 순간의 흐름도 느낄 수 있지 아니한가? 말 등에서 호흡을 하며 눈으로 앞의 상황을 판단하고 무릎의 힘으로 말과의 힘을 조절하며, 발뒤꿈치로 몸의 중심을 두며 말의 리듬을 타며, 귓가로 스치는 세찬 바람 느끼며 말을 즐기듯 불어오는 어떤 바람도 땀을 식혀주는 미풍으로 느끼면서 요동치는 하늘의 구름의 변화를 보며. 구름위에서 더 넓은 하늘의 생동감을 온 몸으로 느끼고 숨구멍 하나하나에 맺히는 땀방울이 생명의 곱고 단단한 진주 같은 그 구슬, 그 땀이 흐르도록 대지를 달려본다.

세포가 즐겁다. 사람이란 어느 일 즉 그것이 일이던 스포츠이던 할수록 더 좋아지는 것이 있고 점차 시들어 가는 종류가 있는데, 승마 이것은 골

프처럼 어느 규격화된 용품으로 즐기는 것이 아니라, 사람마다 성질이 다르듯 성격이 다른 살아있는 400키로 이상 가는 동물과의 교감을 우선하기에 어느 스포츠보다 매력이 있다.

인간이 살아가는 중에 가장 어려운 것은 사람을 다스리는 것이라 하는데, 승마를 통해 느끼는 것도 많다. 사람은 자신의 고집이나 소신을 최우선 하는 경향이 많은 데 말을 타고 다스리는 것에는 말을 흐름을 읽지 않고 자신의 기분적으로 탄다면 필히 낙마를 당하거나 즐겁지 못한 승마가 되리라.

말을 기분을 알고 흐르는 물처럼 어느 힘의 움직임을 거역치 않고 그 힘의 흐름을 타고 움직이는 것, 이것이 승마의 즐거움이 아닌가 생각한다. 순한 밀인가, 힘 있는 말인가, 성질 나쁜 말인가, 흥분상태인가, 평온의 상태인가 정도는 알고 타는 것이 좋다는 생각이 든다.

말 등에 올라 호흡을 가다듬고 시선을 앞으로 하면서 말의 척추를 통해 올라오는 리듬을 느끼는 재미와 몇 백 키로나 되는 큰 동물을 고삐와 몸의 감각으로 조절하는 느낌, 말을 타고 달리면서 느끼면 말과의 일체감 같은 이런 것들이 종합되어 승마의 즐거움을 더 하는가 보다, 거기에다 말 등에서 중심을 잡으려면 자연스럽게 이루어지는 자세의 바름은 장이나 척추가 문제인 분에게는 더 없이 좋은 운동이다.

승마를 즐기고 난 뒤 부드럽게 풀어지는 몸을 느끼며, 순진스럽기만 한 말의 눈동자를 보면 동물과의 보이지 않는 교감을 다시 한 번 느낄 수 있다.

오늘도 오후에 말과의 호흡을 맞출 것을 생각하면 내 몸의 세포가 미리부터 즐거워 할 것 같다. 평생의 취미인 것 같다. 말이란 동물을 가까이 하고 보니 여러 가지의 번거러움도 따르지만, 말이란 크면서도 순진한 동물과의 교감을 느끼며 사람도 그렇지만 말을 채찍과 당근, 즉 혼내며 말을 타느냐? 사랑으로 이끌고 가는 냐는 말을 갖고 있는 사람의 자유겠지만 아무래도 채찍 보다는 사랑이 더 효율적인 방법이 아닌가 생각한다.

투자 없는 취미가 어디 있으랴? 돈 안 들어가는 취미도 많겠지만 말을 키우고 말을 사랑하고 평생을 같이 가는 길은, 내가 승마를 평생의 취미로 하기로 하고 함양에서 말을 직접 키울 수 있는 시설을 만들기로 결정했다.

말을 타고 자연 속을 걸으며 사색에 젖어본다. 너무 좋을 것 같은 생각이 든다, 석양에 지는 해를 보던지, 등지던지, 자연을 느끼고 흐르는 맑은 공기를 마시고 음미하며 말 등에서 유유자적 하는 그 순간의 시간을 즐길 수만 있다면, 그리고 말을 사랑하는 사람들과 간혹은 만나 즐겁게 이야기 하고, 또는 가까운 가족이나 지인에게 말 타는 방법을 일러주고 나 말고 다른 이에게 승마의 즐거움을 알려준다면 그 또한 얼마나 좋은 일이겠는가?

그리고 나는, 그 옛날 만주의 벌판에서 조국을 찾겠노라고 말달리며 투쟁했던 이 민족의 선구자였던 그분들처럼 나와 남을 위해 선구자 적인 삶을 살아가고 싶으며, 나는 말 타는 즐거움을 느끼며 항시 선구자적인 삶을 노래하리라.

덥다, 밖으로 다니다 보니 30도가 넘는 날씨처럼 더운 것 같다. 이 더위를 어떻게 즐길까 생각하다 가장 간편한 복장을 하고 말을 한번 달려 보기로 했다. 농장 안에 말을 풀어놓고 방목을 하니 말이 점점 똑똑해지는 건지 약아지는 건지, 간혹 고삐를 매고 안장을 올리려면 웬지 모르게 말이 점점 거부를 하는 것 같아 야성이 더 키워지기 전에, 또는 제멋대로 하기 전에 적어도 일주일에 2~3번은 말을 타고 말에게 누가 주인 인지, 누구의 말을 철저히 들어야 하는지 확실히 알리고자 가장 가벼운 복장인 메리야쓰 바람으로 말을 타고 땀이 흐르자 메리야쓰도 벗어버리고, 말도 땀이 복대에 걸쳐 줄줄 흐르고 나도 몸에 땀이 흐르도록 말을 농장 안을 계속 빙빙 돌리면서 힘차게 달렸다.

점점 시간이 흐를수록 말이 내 지시를 철저히 따르는 것이 느껴졌다.

내 말이라도 보고, 쓰다듬고, 먹이도 잘 주면서 간혹은 철저한 훈련도 시켜야하지, 방임된 사랑으로 보살핀다면 어느 선에서는 큰 곤란을 겪지 않을까 생각이 든다.

모든 사물은 그 사물의 장점과 단점, 키울 것과 잡을 것을 판단하고 행하는 것이 진정으로 말을 사랑하는 것이 아닐까? 말을 사랑하지만 연속된 훈련이 없이는 나의 명령도 필요 없으리라. 나의 말이 나의 명령을 철저히 따르도록 하는 것도 나의 역량이리라.

나와 말은 땀을 흘리면서 서로를 더 이해하는 것 같다. 강하게 기합을 말에 던지며 달려본다. 귓가에 스치는 바람 시원하다. 말을 타고 개울가를 거닐어 본다. 백운산 줄기에서 흘러온 맑은 물이 흐른다. 오염되지 않은 청정지역에서 나온다는 다슬기를 잡는 사람들이 눈에 띤다.

8월의 오후가 흐르는 이곳의 자연은 왕성한 기가 흐르고 있다. 멀리 계관산과 천황봉이 보인다. 올 여름은 작년 여름보다 더 시원한가 보다. 평안한 마음으로 별 땀을 내지 않고 이 자연 즐길 수 있으니까, 고추잠자리도 많이 보인다. 가을을 재촉하듯이 벌써 피어있는 코스모스도 있다.

애마의 근육의 진동이 느껴진다. 자연과 호흡이 맞듯 애마와의 흐름이 자연스럽게 맞는 느낌이 온다. 말 등에서 밖의 모든 일을 생각해본다. 말의 진동 자연스럽게 느껴지듯 모든 일들도 자연스럽게 풀리고 흐르는 물처럼 잘 진행되도록 할 수 있는 묘안도 생각해본다.

저 소나무 아래 근사한 정자가 있다. 저 정자 안에서 지인들과 부딪히는 잔이라면 그 소리도 좋을 것 같다. 왜가리가 유유히 나는 개울을 바라보며 이런 강가에서 여름이면 발가벗고 뛰어놀던 그 옛날도 생각해본다. 이런 곳에 살면 여름 내내 햇볕에 등이 벗겨지도록 열심히 놀았을 텐데, 그렇게 열심히 노는 어린이도 볼 수 없다.

세월은 사람을 노는 것도 다르게 만드는 가 보다. 나 역시 지금은 물에 들어가 고기를 잡는 것보다 술 한 잔하며 잡는 그 모습을 보길 좋아하니 내가 세월을 보낸 것인가? 세월이 날 보낸 것인가?

지나간 세월과 오는 세월을 생각하며, 지난 시간 음양을 생각하고 올 시간 올바른 바둑 돌 놓듯 그 돌 놓을 시간 생각하며, 짧은 호흡이 아닌 여유로운 긴 호흡 하듯 현명한 긴 시야 와 안목을 생각하며 말 등에서 이 여름 한날을 보낸다.

농장의 하루

고양이가 멀리서 내가 있는 방향으로 걸어온다. 옳다! 됐구나, 생각하고 재빨리 공기총을 놓아둔 곳에가 총을 갖고 나왔다. 그 시간 불과 3초 정도 지났으리라. 그런데 고양이 흔적이 없다. 그 부근에 가 샅샅이 살펴보았으나 그 짧은 시간에 바람처럼 사라졌다. 이번에도 놓쳤는가 보다, 숨는 데는 귀신같은 고양이다.

농장의 한편에 닭을 키우고 있는데, 여러 종류의 닭 중에 어렵게 토종닭이 품어서 깬 병아리를, 일반 닭보다 훨씬 비싼 가격에 20마리를 사 가지고 일반 닭과 같이 키웠다. 한동안 잘 컸다. 한 마리도 죽지 않고, 그런데 이상한 현상이 생기는 것이 아닌가? 병아리를 겨우 넘긴 토종닭들이 숫자가 줄고 있는 것 아닌가?

한동안 밖에 있다 농장에 와 보니, 무려 10마리 이상이 줄었다. 관리인에게 그 원인을 물어보니 고양이가 자주 보이는데 닭의 숫자가 주는 것은 고양이 탓으로 보인다 한다. 그 말을 듣고 보니 나도 닭장 주위에 간혹 덩치가 큰 고양이를 본 적이 있었다. 그 뒤 나는 고양이를 잡으려고 노력을 했으나 발 빠르게 숨는 고양이를 언뜻 보았으나, 그 고양이를 잡을 특별한 방법이나 수단을 강구치 않고 한 달 정도를 무심히 보냈다.

하루는 닭장 옆을 지나게 되어 닭장을 살펴보니, 아뿔사! 수십 마리나 되었던 적은 닭들이 한 마리도 안 보인다. 토종 병아리는 흔적도 없다. 관리인에게 물어보니 하루에 1~2마리 씩 계속 없어진단다.

이제는 덩치가 커 고양이가 물어갈 수 없는 닭들만 거위하고 한 30마리 정도 남아있다. 닭 잡아먹는 맛에 들린 고양이가 큰 닭들도 안 먹으라는 법도 없지 아니한가? 하는 생각에 도둑고양이를 잡기로 했다.

그동안 고장이 나 사용하지 않았던 공기총을 고쳐가지고 왔다. 나무와 나무사이를 바람처럼 움직이고 풀과 풀 사이를 아프리카의 세랭게티를 어스렁어스렁 걷는 사자처럼, 여유롭게 걷던 고양이가 사람들에게 많이 혼이 났는지, 사람의 기척만 느끼면 귀신처럼 숨어버려 어떻게든지 영악한 고양이를 이 농장에서 없애야겠다고 다짐하였다.

야생에서 먹이사슬 1위인 그 고양이가 노리는 농장의 적은 동물들과 그 농장의 주인인 나, 농장 닭들을 위해 나는 이 공기총으로 농장의 무법자에게 정의의 총탄으로 심판하리라,

잘 잤다. 매미 소리 들린다. 심호흡을 해본다. 오늘의 일정을 생각해 본다. 머리도 흔들어 본다. 웃어 본다. 그렇게 또 한 번 웃어본다.

앞으로 내가 가야 할 길이다. 웃고 사는 것, 속은 울어도 겉이라도 웃을 것, 속은 타도 겉은 여유로울 것, 속은 아무리 바빠도 겉은 태평스러울 것,

이제 이 나이에 그 누구와 힘으로 싸울까? 상대가 마음에 안 든다고 힘으로 저지할까? 힘도 없지만, 있더라도 그 힘 자랑 하면 모두가 웃으리.

우화에 나오는 이야기.

지나가는 나그네의 옷을 벗기기에 구름과 태양이 내기를 했는데, 힘 좋은 구름 아무리 세차게 바람 불어도 그 나그네 더욱더 옷깃을 여미었고, 태양의 부드러운 햇살에 입은 옷 하나씩 벗었다는 이야기.

사람 속에서 헤엄을 치면서 주어진 인생 보람되게 살려면, 나의 주위 웃으며 옷 벗는 나그네 만들듯이 따뜻한 웃음이 항시 필요하리라. 상대의 적의를 웃음으로 날리는 것이 좋으리.

콩 심은데 콩 나고, 팥 심는데 팥 나는 법, 인생의 행복의 조건이란 나의 주변에 따뜻한 사랑의 콩 심는 것, 웃음과 사랑의 콩 잔뜩 심으면 내 주위 따뜻한 사랑의 콩 잔뜩 수확하리.

간단히 아침을 먹고 몸을 흔들어 몸을 풀고, 심호흡을 깊게 하며, 즐겁고 기쁜 마음으로 기분 좋은 생각을 하고, 신께서 주신 이 좋은 하루, 어느 면으로나 최선을 다하리라 생각하면서 웃어보며 가는 이 아침, 매미 소리 들리는 아침.

애마와 애견

나는 사람보다 동물에게 인기가 좋은가 보다.

나의 애마 꽃분이도
나의 애견 럭키도
나만 보면 좋아 어쩔 줄 모른다.

▲애견, 애마와 함께

세상 사람들이 말이나 개 같으면
나도 인기 많이 있을 텐데

순수한 짐승들의 사랑
좋아해주면 조건 없이 좋아해준다.

이들과 같이 하는 시간은
전혀 계산이 필요 없는 자연인의 시간이다.

인간은 그럴 수 없기에
와이프도 끝없이 계산을 하면서 사랑해야
서로의 사이가 좋은 것이다.

▲애견과 함께

천산마을의 꿈

사람에게는 대부분 꿈이 있다.

나의 꿈은 세속적인 출세도 아니고, 세계를 여행하는 것도 아니며, 어떤 원대한 포부도 아닌 나만의 길과 목표를 오래전부터 생각을 하고, 그 길을 가기위해 한 걸음, 한걸음 나를 단련하고 모든 것을 준비하는 시간이 나의 삶의 길이다.

나의 꿈이자 목적은, 나이 먹은 노인들이 마지막으로 삶을 마감하기까지 인간의 기본적인 존엄성을 유지하고, 최소한의 자연을 접하면서 인간의 사랑 속에서, 그래도 따뜻한 사랑의 보살핌 속에서 삶을 마감할 수 있는 황혼의 노인들끼리 어울려 사는 노인촌을 만드는 것이다.

그 길을 가기위해 어떠한 식으로 자금을 마련하여 시작을 하고, 어떻게 관리 유지해야만 노인들과 같이 가는 사업이라 망하지 않고 몇 백 년 이상 지속할 수 있을까?(실버타운을 한다고 시작해 놓고 이익이 맞질 않아 파산한 곳을 보고 느낀 것임)하는 구상을 끝임 없이 한다.

결코 쉬운 일은 아니리라 생각하지만, 세상에 어디 쉬운 일만 있는가? 쉽지 않기에 목적으로 삼고 할 만 한 인생의 목적이자 꿈이기에 나아갈만 한 하다. 적지만은 함양에 오만여 평의 강을 낀 산을 부지로 마련해 놓고, 그 위에 청사진을 그려보고 있다.

일단은 기초적인 준비를 하면서 서서히 하나하나를 계획하고, 실천의 걸음을 옮기고 있다. 늦어도 10년 안에 그곳에 사는 사람이 최소한 100명이 넘는 분들이 살 수 있도록 모든 부분을 만들어야 하는데, 결코 많은 시간은 남아 있는 것은 아니라 생각한다.

그 곳에 들어가는 자금을 마련하는 것도 쉬운 문제는 아니겠지만, 내가 가장 어려워하고 필요로 하는 사람이다. 적게 100명과 같이 살고 간다면, 관리를 해줄 사람이 30여명은 있어야 한다. 나와 뜻을 같이 하고 봉사적인 차원으로, 적은 봉급으로 남은 인생을 그곳에다 다 걸 수 있는 사람이 필요하다.

힘이 있을 때는 봉사로, 힘이 떨어지면 그 곳에서 살다 죽을 수 있는 평생의 동지를 만나고 찾는 일이 가장 시급하고 큰일로 보고 있다.

자금을 마련 할 부분은 여러 가지의 길이 있지만 사람, 특히 봉사와 사랑과 사명감을 갖고 가야하는 길은 하루아침에 만난 사람과 같이 가는 경우는, 특별한 경우를 제외 하고는 어렵다. 별 소득이 적은 노인들을 보살피고, 사랑을 주고, 같이 그 일을 좋아하고 가는 일은, 가슴으로 그 일을 좋아해야 된다고 본다.

사람의 관계에서 보면, 가식으로 짧게는 모두를 기만할 수는 있지만, 오래 그 속을 기만하기는 어렵다. 노인을 위한, 인간의 기본적인 삶을 나도 누리면서 나와 같이 하는 사람들에게 주고, 그 길을 가기위해서는 이기적인 사람이 나의 길에 앞서는 부분에 동참하면 안 된다고 본다.

노인을 위해 사랑과 헌신을 같이 할 수 있는 동지를 그리워하고, 그 동지를 찾기 위해 부단한 노력도 하지만, 사람을 만나는 일이 어디 쉽게 이루어지는가! 천하의 유비도 제갈량을 모시기 위해 삼고초려를 했고, 나 역시 별 미모도 머리도 뛰어난 바 없는 여인을 얻기 위해 많은 시간과 정성을 들여 맛있는 것을 사주고, 술도 사주며 아부도 떨지 않았던가?

그런데 비하면 평생을 업으로 같이 갈 동지들을 만남은, 하루아침에 이루어지지는 않으리라는 것은 알지만 새삼 그립다. 큰일을 같이 도모할 큰 인물도 그립고, 지질구레한 일을 마음껏 맡겨 처리할 수 있는, 착한 적은 가슴의 동지도 필요하고, 모든 이에게 활력을 주는 그런 동지도 필요하고 등등 많은 일에 같이 할 사람이 필요하다. 그 일을 같이 갈 동지를, 일을 하기 전에 서로를 알 수 있는 시간이 필요해 찾는다.

나하고 같은 마음의 동지가 되어 같이 손잡고 한번 천산마을을 만들 인연의 인재는, 어디에 없나를 항시 생각하고, 그런 평생의 동지를 오늘도 천산마을을 만들기 위하여 찾는다.

몇 분들이 앞으로 뜻을 같이 할 수도 있는 분들과 가까운 지인들 몇 분이 왔다. 하루 저녁을 같이 하고 갔다. 좋은 시간들이었다. 사람에게 주어진 인생의 시간이 흐르는 강물에서 어떤 시간이 제일 소중하고 즐거웠던 시간이냐고 누군가가 묻는다면, 말할 수 있다. 서로 대화가 되고, 하나의 시간을 같이 하며, 가슴을 펴고 편하게 웃어가며 잔을 부딪히며 여러 가지 말을 즐겁게 나누며, 웃으며 같이 하는 이 시간이야 말로 소중한 인생의 시간 중에 좋은 시간이라고.

서로 만나 그 즐거움에 기뻐 웃을 수 있고,

각자의 조그만 마음과 성의가 담긴 것을 보고 웃을 수 있고,

다른 모르는 인생을 열심히 산 나와는 다른 사람을 보고 웃을 수 있고,

꽃 피어 그 즐거움을 같이 보며 웃을 수 있고,

소주잔을 높이 들고 같이 부르는 노래에 서로 웃을 수 있는,

그리고 먼 산에 밤 세워 우는 뻐꾸기 소리 들으며 즐거움을 같이 하는 이 시간,

참으로 즐겁고 소중한 시간이다.

기꺼이 한잔을 내겠다는 말에 한숨에 이곳저곳에서 몇 시간 이상을 허비하며 온 모든 마음의 찬구와 앞으로 동지가 될 분들에게 새삼 고마움을 전한다.

우리는 모여 인생을, 우정을, 사랑을, 시간을 같이하며, 이렇게 만남의 인연을 진정으로 고마워하며, 꾸밈이 없는 웃음으로 시간을 같이하지 않았는가? 이보다 소중한 인연은 흔치 않으리라.

가만히 있어도 코끝에 밀려오는 짙은 밤꽃의 향을 맡으며,

눈으로는 활짝 펴 그 아름다움을 전하는 꽃 양귀비를 보며,

가슴으로는 어제의 즐거움이 가득 찼던 시간을 떠올린다.

아직도 그들의 집에 가고 있을 그들의 무사한 여정을 바라며, 그들과 또 다른 시간의 만남을 벌써 그려본다.

함양의 밤

친구하고 가볍게 한잔하고 택시를 타고 농장으로 갈까 하다. 술도 적당히 기분 좋을 만큼 마셔 오늘은 이곳에 온지 한 5년 만에 처음으로 걸어서 농장에 가기로 했다. 함양읍내에서 가장 근사하게 가꾸었다는 상림공원을 통과해 가기로 마음을 먹었다.

우리나라에서 연꽃 정원으로 손가락 안에 든다는 함양의 상림공원, 저녁 9시정도 됐는데 달빛도 좋고, 조명도 좋아 연꽃이 활짝 핀 곳과 벌써 진 곳, 그리고 필 준비을 하고 있는 연들의 여러 가지 모습이 다채롭다.

시골인데 저녁에 운동 겸 산책 삼아 가족 단위로 많이 나와 있고, 부부가 함께 운동하는 모습도 많이 볼 수 있었다. 사람이 너무 많아 큰 개울을 낀 쪽으로 코스를 바꾸었다. 한쪽은 강을, 한쪽은 숲을 낀 정리가 아주 잘된 곳으로 걷기가 너무 좋았다. 사람들도 적당하게, 모두 운동 삼아 걷는 사람이 2~3명의 일행으로 걷고 있는 한적하지도, 번잡하지도 않는 코스다, 개울의 물소리를 들으며 걷기에 아주 좋다.

우리나라도 지자체가 시행된 이후로 각 지방의 모습이 놀랄 정도로 확 바꾸어졌다. 세상은 조금이던, 많은 부분이든 좋은 쪽으로 바꾸어지는가 보다, 30분 정도 강을 끼고 숲을 따라 걷기에는 최상의 조건인 곳을 사람들을 보며 걸었다.

자연을 인간이 잘 가꾸어 그 모습이 너무 아름답고, 즐기기에 완벽에 가깝도록 가꾸어 놓은 이곳을 많은 사람들이 한번 걸어본다면 얼마나 좋아할까 라는 생각이 해보았다. 더구나 좋은 사람과 이곳을 밤에 걸어보면 누구나 함양을 사랑하지 않을까 생각될 정도로 스치는 바람, 전혀 오염되지 않은 신선하면서 감미로운 공기, 잘 가꾸어진 나무들과 오래된 옛것과의 조화로움을 갖춘 시설물들, 그리고 시원하게 흐르는 물줄기의 흘려가는 소리 등……

상림공원을 지나 최근에 만든 자전거 전용도로로 농장에 가는 길을 택했다. 이 자전거 전용도로는 농장의 바로 앞까지 제법 큰 규모인 개울을 끼고 만들어졌다. 나는 항상 차로 움직이고, 요즈음은 시간이 나면 말 타는 재미에 푹 빠져 자전거 전용도로를 달려볼까 하는 생각을 한두 번 생각만 했지, 실행에 옮기지는 않았다.

밤이라 아무도 없는 한적한 개울 옆의 산길 자전거 도로를 걸어보니 모든 것이 새롭게 느껴진다. 보름에 가까운지 낮처럼 환하게 빛나는 달과 같이 호젓한 산길을 걸으니 미묘한 여러 가지 감정이 마음을 흐른다. 꼭 이효석 선생님의 "메밀꽃 필 무렵" 같은 날이다.

이곳은 메밀꽃보다 은빛 부서지는 달빛에 양 옆으로 달맞이꽃들이 흐드러지게 피어 가볍게 부는 밤바람에 살랑거리고 있다.

밤하늘에는 구름이 보름달과 절묘한 조화로 검고도 환한 색의 조화로 움직인다. 나의 그림자가 길게 늘어진다. 어느 가수의 노래를 가볍게 읊조려 본다.

"저 만치 앞서 가는 님 뒤로 그림자 길게 드린 밤 ...

님 그림자 밟으려 하니 서러움이 가슴에 이네..."

휘어 찬 달빛 아래 걸으니 절로 이 노래가 나온다. 휘어 찬 달빛아래 걸으면 왜 기쁨보다 애잔한 슬픔 감정이 드는 것은 왜일까? 나의 감정은 바닥이 슬픈가? 생각해보고 웃어본다.

달빛에 환한 그 무엇인가를 기다리고 있다는 달맞이꽃을 바라본다. 개울에 흐르는 물소리에 취해, 밤바람에 취한 듯 흐느적거리는 달맞이꽃에 취해, 구름에 달 가듯 가는 구름과 보름달에 취해, 슬프듯 , 꿈꾸듯, 하늘을 걷듯, 걷다 보니 물소리가 새롭게 들린다.

앞을 보니 고고한 달빛아래 개울의 한쪽에 옛 선비들의 운치를 보여주듯이 멋진 소나무 사이로 정자가 들어난다.

벌써 농장 앞인가 싶다. 농장 앞 사거리에 있는 정자다. 구름에 취해, 달빛과 별빛에 취해 오니 손오공이 근두운(筋斗雲)을 타고 수천 리을 순간에 가듯 이 시간이 꿈결처럼 흘려갔다.

나를 반기는 우렁찬 개소리 뒤로 달빛아래 내 농장이 굳건히 버티고 있다. 가자~ 저 나의 보금자리로, 그곳에서 나의 꿈을 꾸고 인생을 노래하리라.

낙마

말 타기는 항상 낙마의 위험을 갖고 있다. 가만히 말위에 앉아 있어도 만유인력의 법칙이 작용하지만, 특히 살아있는 동물위에 있으며 그 위에서 몸의 균형도 맞춰야 하니 초보, 아니 10년 이상 된 숙련된 사람들도 항시 낙마를 대비하는 자세로 말을 타야 하는 것이다.

승마는 말과의 교감이자, 그 위에서 찾는 균형 있는 자세로 낙마를 피해야 한다, 같이 승마를 하던 친구가 말에서 근사하게(?) 떨어졌다.

근사하게 떨어졌다 하면 욕먹을 지도 모르지만 떨어졌다. 이 친구 말 타려 와서는 어제 술을 과하게 했더니 몸 컨디션이 별로다 하면서 말 타는 모습이 다른 날과 달리 영 시원찮았다. 마장을 겨우 한두 번 돌더니 숨을 헉헉 거린다.

"야~야~ 죽겠구나!" 한다.

"그리 힘들면 그만 타고 쉬어라, 이 친구야 술 적당히 퍼 먹어라 그 체력이 뭐냐?"

"한 바퀴만 더 돌고 그만타야지~"

"그래, 내가 봐도 네 몸이 좀 별로다, 쉬어라~"하고 나는 말을 타고 그 친구와 반대편으로 왔다. 조금 후 마장에서 같이 있던 동생처럼 친하게 지내던 지복이라는 젊은 친구가 갑자기

"어~! 어~!' 형님?! 경주 형이 말에서 떨어졌네."하며 반대편으로 급히 뛰어간다. 나도 놀라 말을 타고 그쪽으로 갔다.

간단하게 누구라도 떨어질 수도 있지만, 직감으로 '이번은 얼마 전 낙마한 것과 달리 심하게 떨어졌구나.' 하는 생각이 들었다.

이 친구는 누어있다. 심하게 잘못 떨어진 상태다. 얼굴이 안경에 다쳤나, 피도 흐른다. 누어서 눈만 감았다 떴다 한다. 상태가 안 좋을 수도 있다. 이 사람, 저 사람이 말을 시켜본다. 말은 대꾸한다. 얼굴을 닦아주고, 물을 먹이고, 옆에서 우황청심환도 먹인다. 얼떨떨한가 보다. 정신이 좀 멍한가 보다.

정신이 좀 들자 말한다. 자신이 떨어질 줄 직감적으로 알았단다. 순간적으로 전혀 말을 통제할 수가 없었단다. 몸의 균형을 잃은 상태에서 어떤 방어도 없이 무기력하게 잘 떨어지지 않는 반대편으로 떨어졌단다. 정신이 하나도 없단다. 10여분이 지나자 누군가가 말했다.

"몸아 좀 좋으면 무리가 되더라도 떨어진 말을 타고 입구까지 가 쉬어야 말한테도, 떨어진 본인 한태도 좋은 거다.

우리가 부축해 줄 것이니 말에 타자~?" 떨어진 친구는 안 된단다. 몸 상태가 너무 안 좋단다. 할 수없이 한명이 업고 가기로 했다. 나머지 친구들은 불안 반, 재미 반인가 보다.

한동안 휴식을 취한 뒤, 운전을 하면 안 될 것 같아 내 차로 대전에 같이 갔다. 대전에서 위로주로 한잔을 같이 했다. 별 후유증은 없을 것 같다.

승마인이라면 누구나 떨어질 수 있는 낙마, 이 낙마를 통해 친구가 승마에 한 단계 발전하는 계기가 되길 바란다.

월요일이다. 승마를 끝내고 돼지감자 꽃 앞에서 포즈를 잡아본다. 어제의 술에 취한 열정도 기쁨도 사라지고, 5일 남은 추석을 생각해 본다.

어느 스님의 글에서 본 말이 생각나는 시간이다.

"모든 것은 생애 단 한 번 지금 이 순간을 놓치지 말라"라는 글귀인데 나의 생각과 같다. 나는 그 순간에 충실하고 이 아름답고 고귀한 순간이 연속되도록 먼 시야를 보면서 이 시간에 충실하며 살고 있다. 이 못난 돼지감자도 때가 되면 이렇게 어여쁜 노란 꽃을 피워 가을바람에 산들거리며 그 환한 자태로 농장을 빛내고 있지 않은가?

고행의 수도승도 고행 자체를 즐길 텐데, 순간의 연속에서 살아가는 우리 인간의 삶 그 순간에서 찾는 의미는 무엇일까?

돼지감자의 꽃, 못난 감자에서 보낸 시간에서 피는 아름다운 꽃이여

이 맑은 가을날 너를 노래해 본다.

농장의 자연 속에서

월요일이다. 승마를 끝내고 돼지감자 꽃 앞에서 포즈를 잡아본다. 어제 술에 취한 열정도, 기쁨도 사라지고 이제 추석이 5일 남은 시간을 생각해 본다.

어느 스님의 글에서 본 말이 생각나는 시간이다.

"모든 것은 생애 단 한번뿐이다. 지금 이 순간을 놓치지 말라"는 글귀인데 나와 생각과 같기에 그 순간에 충실하고 이 아름답고 고귀한 순간이 연속되도록 먼 시야를 보면서 이 시간에 충실해야 된다는 말일 거다.

이 못난 돼지감자도 때가 되면 이렇게 어여쁜 노란 꽃을 피어 가을바람에 산들거리며 그 환한 자태로 농장을 빛내건만, 마찬가지로 고행의 수도승도 고행 자체를 즐겨야만 하는 게 아닐까. 순간의 연속에서 살아가는 우리 인간의 삶, 그 순간에서 찾는 의미는 어쩌면 돼지감자에서 피는 아름다운 꽃처럼 이 맑은 가을날 너를 노래해 본다.

겨울을 대비해 비닐하우스를 새로 만들었다. 여름에는 밖의 어느 곳이라도 좋았으나, 계절이 겨울로 바뀌면서 사람들이 따뜻한 곳을 찾게 되어 많은 사람들이 와도 편안하게 한잔을 마시며 이야기를 나눌 수 있도록 앉는 곳과 난로를 놓고 손님을 몇 사람 초대하여, 새롭게 만든 이 공간을 공개하였다.

좀 쌀쌀한 저녁의 시간이라 난로에 불을 피우고 손님을 맞을 준비를 했다. 희망의 여신상이 보이는 곳에 철 구조물로 외곽을 만들고 비닐로 덮어 겨울에 눈이 내려도 이상이 없도록 튼튼히 만들었다. 만들어 놓고 보니, 그런대로 쓸 만한 구조물이다.

멀리서 손님들이 왔다. 부산에서, 부천에서, 여주에서, 서울에서 그리고 대전에서 모임였다. 손님이 오면 필수는 역시 술이 아닌가? 일단은 먼저 삼겹살과 목살을 구면서 연속으로 건배를 하며 술을 마셨다.

회원 중 시집을 갖고 온 분이 있어 내가 무드를 잡고 시를 읽었다. 여러 병의 소주를 마시면서 많은 대화를 나누었고, 서로 즐겁게 건배를 하였다. 2차는 본관 건물로 자리를 옮겼다. 귀한 분들이라 내가 보관중인 양주를 내어서 한 병 반을 더 마시고 다들 편안하게 잠을 잤다.

아침이다. 어제는 저녁에 술을 너무 마셔 제대로 놀지도 못하고 잤지만, 새삼스러이 아침밥을 먹고 사물놀이를 시작했다. 흥이 나서 실내를 빙빙 돌았다. 어깨를 덩실 춤을 추며 실내를 모두가 돌았으니, 아침부터 어디에서 신명이 나와 이렇게 노는지 참, 우리민족은 신명이 많은 민족인가 보다. 마음껏 마시고 신명이 나게 놀았다.

가시는 사람 모두가 꼭 기회를 보아 더 오고 싶단다. 모두와 이별의 손을 흔들고 그들을 보냈다. 언제 또 만날까. 모두들 안녕을 마음속으로 외치며 손을 흔들어 줬다.

나의 애견 럭키가 뱀을 물어 죽이고, 자기도 물려 죽고 난 뒤 농장에 가면 남은 조조하고 같이 농장을 걷는다. 여름이 짙게 와 있는 농장을 깊은 공기를 마시며 걸었다. 무릇 살아있는 모든 것에는 수명이 있겠지만, 그래도 럭키의 자리가 컸다.

십여 미터의 공간에서만 움직이는 내가 나가는 방향을 정확히 알고, 그 길을 미리 안내를 하던 럭키였건만 아직은 훈련이 덜된 이 조조는 내 곁에서 1m도 떨어지지 않고 졸졸 따라 다니기만 한다.

잉어를 한때는 팔뚝 크기까지 키웠건만 개울에서 올라오는 수달을 막지 못해 큰 고기를 다 잃게 되고, 다만 운이 좋은 적은 잉어들 노니는 연못을 쓸쓸한 눈으로 바라본다.

이렇게 보내는 초여름의 한 날, 골치 아픈 여러 일들을 잊고 그냥 농장을 걸어본다. 그러다가 시원한 맥주가 생각나 걷는 걸음을 빨리한다.

"빨리 가자, 조조야!"

고속도로

고속도로를 가다보면 우리산천의 아기자기한 모습에 감탄을 금할 때가 많다. 하늘의 그 누가 이렇게 섬세하게 오밀조밀하게 만들었을까 하는 생각을 한다.

외국의 웅장하고 거대한 자연이나 피조물은 아니더라도 부드러운 선과 계절의 변화에 맞게 변하는 산야의 모습이 아름답다는 말로 표현하기 아쉬울 만큼 좋다. 초록의 부드러움, 노란색과 붉은 색의 조화, 흰색의 아름다움, 적으면서 섬세하기에 좋을 수 있고, 계절의 변화에 따른 자연의 조화로움에 경탄이 절로난다.

크고 웅장함이야 한두 번 놀람을 주지만, 같이 그 속에서 지낸다면 무엇인가 불편할 것이다. 덥던지, 춥던지 계절의 변화가 없으면 많이 무료할 것이고, 삶도 자극이 없으면 김빠진 맥주 맛이리라.

차창에 비켜가고 다가오는 섬세하고 부드럽고 정겨운 우리 자연의 모습들, 이 자연의 아름다움을 우리가, 아니 내가 사랑하지 않고 그 누가 사랑하리. 이 아름다운 내 조국의 산천, 사계절 뚜렷이 변하고 변하여 지금의 우리와 앞으로의 우리 후손에게 전해주었으면 좋겠다.

고속도로 휴게소에서 한 여인을 본다. 가족과 같이 여행 중인가 보다. 시원하고 화려한 원피스에다 샌들을 신었다. 차를 마시고 있는 내 옆을 스치는 그 여인의 시원하고 멋진 모습이 상쾌하게 다가온다. 좋은 향기도 난다. 멋을 아는 여인이다. 그 여인이 나를 스치고 지나가는 순간 그 여인의 가장 멋진 부분을 보았다. 희고 하얀 발에 화려한 샌들, 그리고 그 전면에 빛나는 보석 같이 신체의 어느 부분보다 화려한 발톱의 빛나는 빨간색, 어느 한부위의 화려함이 전체를 살리는 멋스러움으로 빛난다.

몸의 그 넓은 모든 부위의 간소한 화려함보다, 발의 한 부분의 빛나는 한 점이 빛나는 순간을 보는 것 같다. 한 점의 빛남이 모든 부분의 화려함보다 돋보이다니, 그 이치는 아무리 풍경이 좋은 계곡의 경치더라도 그 속에 그 멋진 개울가의 옆에 놀던 사람들이 먹다 버리고 간 음식물이나 수박 같은 찌꺼기를 보았을 때 99.99%의 멋진 자연보다 그 0.01%의 적은 공간을 소유한 음식물 찌꺼기 때문에 그 음식물에 날아다니는 파리 몇 마리가 그 넓은 자연의 모습을 가리고 기분을 나쁘게 만들듯이, 그 빨간 점 하나가 그 여인의 모든 것을 완성 되게 보이다니, 그 여인의 멀어져가는 뒷모습까지 멋지게 보인다, 착시의 현상인가 하고 웃어 본다.

그리고 나의 모든 것이 98%가 좋아도 나머지 2% 때문에 나의 장점의 대부분이 가려질수도 있다는 것을 나를 생각해본다.

그 여인이 날씬한 몸매, 예쁜 듯한 얼굴이 아니더라도 그 발톱의 빨간 부분이 그렇게 빛이 났을까? 그렇게 그 발의 모양이 좋게 보였을까? 전체가 보기 좋았기에 한 점이 좋았을까? 독립된 한 점의 아름다움이냐? 주위의 아름다움에 덩달아 빛나는 하나의 점인가? 전체와 조화된 멋진 발톱, 발톱 하나 보고 감동 하는 날 생각하면서 자리에서 일어난다.

날씨도 연속으로 이십일 가까이 영하 10도 미만으로 내려가 있어?전국이 냉장고처럼 차다.

삼한사온은 멀리 사라진 임인가! 보이지도 않고 맹추위만 위력을 발하고 있는데, 차를 많이 타고 다니는 나에게는 이 추위도 문제 중 하나이다. 이왕이면 다홍치마라고 타고 다니는 차 깨끗하게 타고 다녀야 내 기분도 좋은데, 눈 오면 며칠 동안 차의 외관이 지저분하고 어렵게 날씨 풀린 날 주유를 하고 세차를 해 상쾌하게 달릴 수 있는데, 고속도로를 통과하면 도로나무타불이다. 왜 요즈음 전국 어느 곳이나 고속도로 출구를 나오면 하얀 색깔의 소독약을 뿜어대는 곳에서 나오는 그 액체로 차가 목욕을 하기 때문이다.

고속도로를 많이 이용하는 나로서는 낭패다. 구제역, 참으로 무서운 것이다, 그리고 거기에 조류인플루엔자까지 전국에 설친단다. 벌써 소, 돼지, 닭, 오리 등 수백만 마리가 산 채로 매몰했단다. 할 말이 없다. 살아 있는 동물 한두 마리가 아닌 수백만 마리를 그냥 통째로 눈을 뜨고 있는 그 모습으로 전염의 위험성 때문에 묻어버리다니, 발굽이 둘로 갈라진 소, 돼지, 양, 사슴, 염소 등에게 공기를 통해 전염되고, 육지는 50Km까지 그 바이러스가 전파될 수 있단다. 얼마나 더 산채로 땅에 묻어야 할까? 이러다가는 우리 땅에 있는 소, 돼지. 닭 등을 다 묻는 결과가 올 수밖에 없는 것이 아닌가 하는 어떤 공포심이 든다.

앞으로는 어느 곳에 가던지 지하수는 먹지 못할 것 같다. 지하수뿐이 아니라 그 묻힌 수백만 마리의 동물의 사체에 구제역과 조류 인프루엔자의 바이러스들이 사멸이 될까? 영화를 보면 수백 년 된 바이러스들이 재차 활동을 하던데 살아있는 것들의 생명의 이치는 비슷한데, 인간에게 이런 바이러스가 설친다면 소나 돼지처럼 집단으로 묻어야만 할까? 생각만 해도 끔찍하다. 하기에 우리가 지금 묻고 있는 소나 돼지의 더 현명한 처분의 방법이 있어야 한다.

무엇이던지 살아있는 생물의 삶은 소중한 것이다. 우리가 소, 돼지를 먹는 것과 살아있는 생명체 수백만 마리를 땅에 묻는 것은, 결코 그 전염성이 많은 문제의 근본 해결 방법은 아닐 것이라는 것은 구제역 등에 문외한인 나도 느낄 수 있다.

공장처럼 밀집된 형태의 사육이 문제라면 현명한 방법이 있을 것이다. 사람이나 동물이나 우리는 좀 더 살아있는 생명체로써 최소한의 삶의 질적 향상을 위해 힘써야 한다고 생각한다.

땅속에 살아있는 체로 묻혀지는 수백만의 동물들, 고속도로 출구에서 뿜어 나오는 하얀 액체 속을 통과하며 어떤 강한 불안감과 빨리 이런 일이 종식되길 바라며 나 혼자서 한마디 한다.

"에~이! 세차 또 해야겠네!"

제5장
여인을 그리워하며

인연과 순정은 있다

요즈음도 술을 잘 마시지만, 부산에서 직장생활을 하고 있었던 젊은 날에는 더 잘 마셨다.

그때에는 '스탠드 바' 라는 것이 유행처럼 많았다. 지정된 좌석이 있고, 나이트처럼 춤을 출수 있는 곳이 있어, 술을 마시고 마음껏 흔들 수 있는 곳이었다.

젊음의 발산의 한 방편으로 일주일에 2~3번은 갔었으니, 그러다 보니 그곳에서 한 코너를 하고 있는 마담하고 단골이 되었다.

큰 눈에 호리호리 몸매, 그리고 손님을 배려해주는 깊은 마음 등, 몇 가지 부분에 푹 빠져 나하고 같이 다니던 일행, 즉 그녀의 단골 고객 및 열성적인 팬이 되어 경쟁을 하듯이 다녔다. 매일 출근을 하듯이 다닌 친구도 있었다.

그녀의 미소만 보아도 여러 명이 퐁! 하고 갔었으니~ㅎㅎ, 그녀와 테이블에 앉아 그녀의 농담과 그 우아한 미소에 넋이 나간 친구들이 여러 명이었다.

그곳에 가기위해 돈을 각자 갹출해 자금을 만들고, 일주일 동안 교대로 가다시피 했으니 나의 일행들은 그녀의 최고의 단골이었다. 그녀를 보고 싶어 적금을 깬 친구도 있었으나, 그녀는 묘하게도 나의 친구들이 모르게 몇 가지 나에게 친절을 베풀었다. 공짜 맥주도 많이 주었고, 외상은 그때 시영아파트 한 채가 한 오백만 원 정도 했는데, 몇 백만 원어치라도 마음대로 마시고 가시라 할 정도로 호의를 베풀었다.

한번은 새벽에 끝나는, 마감 영업시간 까지 있었는데 자기 집에 나보고 같이 가자 한다. 어머니하고 같이 사는데 가도 된단다. 갈까~하는 마음도 들었지만, 왠지 그곳까지는 그리고 이 이상 더 가까워지기는 싫은 마음이 들어, 갈까 말까 하는 마음의 갈등을 느끼면서 취한 술을 핑계 삼아 미안하지 않게 거절을 했다.

그러면서도 그녀의 얼굴을 마주보기가 어려웠다. 미묘한 미안감에 그 뒤로는 그곳에 가 그녀의 얼굴을 보기가 힘들어 발을 끊었다. 몇 번 동료를 통해 나보고 오라는 전갈이 왔으나 그래, 그래 하고 넘어 갔고 그러다 그 직장을 옮기게 되어 그렇게, 그렇게 자연스럽게 잊어졌다.

까마득히 먼 곳에, 그래서 나도 그런 시절이 있었나? 모를 정도로 잊고 살았다. 며칠 전에 차를 갖고 부산에 갔었다. 동아대 앞 부근이라 차를 주차하기도 어려웠고, 시간도 많이 없기에 잠시 차를 넓은 도로의 한편에 세우고 운전의 피로도 풀 겸 시동을 끄고 차안에서 밖을 무심히 보며 휴식을 취하고 있었다.

차하고 가까운 곳에 여자 두 분이 이야기를 하고 있었다. 보다가 깜짝 놀랐다. 분명 그녀였다. 한 번도 생각이 나지 않았고, 기억의 저편에 그냥 그렇게 조용히 묻혀 있었던 기억이 나타났다. 그때의 그 몸매, 그 모습이 30여년이 지난 지금도 30여 년 전의 모습으로 조금은 다른 것 같지만, 틀림없는 그녀의 모습으로 불과 나하고 몇 미터 앞 부근에 있었다. 소리도 가볍게 들린다. 가서 기쁘게 인사를 할까? 하다가 말았다.

지금 내가 가서 아는 체를 하면 무언지 모르지만 복잡하게 얽일 것 같은 생각이 들었다. '아서라, 말아라. 그녀를 위하자!' 이렇게 가깝게 보고 마는 것이 그녀를 위한 것, 잊은 그 인연 더 상기해 불 피워 무엇하랴? 그녀를 위하자! 나에게도 순정은 있는 것!

일행과 이야기를 끝내고 가는 그녀의 멋진 뒷모습을 보며, 차에서 그렇게 멍하니 있었다.

그녀의 행복을 말없이 무수히 자꾸자꾸 빌었다. 그래 나에게도 순정은 있다.

여인, 그들과의 대화

택시를 탔다. 동우회 모임의 성격이지만, 내가 그 모임의 회장이니 시간을 맞춰 도착을 하기 위해 서둘었다. 총무가 모든 일을 너무 깔끔히 처리를 잘하지만 명색이 회장인 나의 일은 좀 빨리 모임에 도착하여, 오는 회원들에게 웃음으로 맞이해야 할 것 같았다.

나는 차를 두고 여유롭게 택시를 탔다. 차의 뒤 좌석에 앉아 목적지를 말하고 보니 운전하는 분이 중년의 여자다. 오랜만에 타는 택시고, 기사가 여자였다. 지나가는 말로 경기는 좋냐 물으니, 그 기사 백밀러를 통해

'별로라.' 고 말한다.

그러더니 "지금 방금 주행 Km를 30만을 넘겼습니다" 한다. 30만? 하고 물으니, 이 택시가 정상적인 영업을 했다면 40만Km를 넘겨야 하는데 지금 방금 내가 타고 30만Km를 겨우 넘겼단다.

개인택시인데 한 열흘 일도 안하고, 세상사는 재미도 하나 없고 살맛도 없어 그냥 확 죽을까 생각하다가, 오늘 겨우 마음을 추스리고 일하려 나왔단다.

새로운 운동을 해보지 그러냐?

술도 마셔보지 그러냐?

친구들과 어울려 보지 그러냐?

열심히 돈을 벌지 그러냐?

애인을 한명 만들지 그러냐?

여행을 가보지 그러냐?

종교를 가져보지 그러냐? 고 물으니 다 싫다고 한다.

어제도 며느리가 맛있는 것 사준다고 나오랴 해도 귀찮아서 너희끼리 먹으랴 하고 안 갔단다. 그렇게 예쁜 손자도 예쁘기는 하지만 다 귀찮단다. 자신은 죽는 것이 두렵지 않단다.

'나도 죽음이 두려워 사는 것이 아니고, 죽음은 별거 아니지만 살 만한 가치가 있기에 산다.'고 내가 말했다.

속으로는 난감했다. 어떤 이유로던 삶의 재미를 잃고 그냥 죽을까? 하는 이 사람에게 지금 내가 힘이 되어 드릴 것이 하나도 없으니 답답했다. 목적지에 다 왔다.

택시비를 주었더니, 잔돈을 건네주려 한다. 나는 나머지는 이야기 값으로 여겨라 하면서, 어떤 이유인지 모르지만 우리에게 주어진 이 삶을 어느 순간이 올 때까지 싫더라도 웃고 살자, 하며 내리니 그 중년의 여기사 웃으며 손을 흔들고 가로수 펼쳐진 도시로 달려간다.

일행과 재미있게 이야기 하다가 너무나 쉽게 헤어지는 요즈음의 세태를 논하게 되었다. 만남도 쉽고, 헤어짐도 쉽고 하기에 부부로써 사는 것보다 헤어짐이 보편화된 이야기들을 했다. 일행 중 한분이 자기가 아는 어느 부부가 너무 어처구니없이 헤어졌는데, 참으로 안타깝다 한다. 사연인 즉, 부부사이가 처음엔 좋았단다, 그러다 여자가 운전면허를 땄단다.

운전면허를 딴 여자를 남자가 자기 차로 연수를 해주게 되었고, 운전에 서툰 여자를 연수 하는 과정에서 티격태격 했단다. 언성이 높아지고 '"왜 그리 돌 머리냐?", "남자가 째째하게 운전 가르쳐 주면서 왜 그리 큰 소리냐?" 여러 가지 격한 소리가 오다가다 남자가 여자보고 "내려라!"하고 여자를 도로 옆에 내려놓고 그냥 갔단다. 하필 그 도로가 고속도로였단다.

어처구니도 없고 너무 황당한 일에 놀란 여자가 설마 가지는 않았겠지 하고 기다렸으나, 남편의 차는 오지 않고 시간은 흘려 여자가 겨우겨우 지나가는 차를 얻어 타고 어렵게 집에 와서 그 화를 누를 길이 없었는데, 남편이 빌면서 미안해하며 어쩔 줄 몰라 해도 모자랄 지경인데 남자가 어이없게도 마음 편하게 코까지 골면서 자더란다,

그 자는 모습이 너무나 경멸스럽고 싫어 여자는 자는 남자를 깨워 대판 다투고, 이혼을 했단다. 이 이야기를 들은 일행 중 여자분 대부분 이구동성으로 말한다,

"너무 이혼 잘했다! 그런 싹수없는 인간하고는 이혼이 맞다"

"그런 작자는 혼자 살면서 느껴야 한다!" 등등, 열변들을 토한다.

아무리 짜증이 나도 고속도로에 여자를 놓아두고 와 맘 편히 잠을 자다니 남자로써 취할 행동은 아닌 것 같다.

"이혼 한 그분은 지금 어떻게 사냐고?" 물었다.

피아노 학원을 하는데 딸하고 둘이 산단다. 행복해 하냐고 물으니, 모르겠단다. 사람은 누구나 실수가 있을 수 있다. 남자의 속 좁은 행동에 이혼이라는 초강수를 둔 여자의 결정은 과연 잘한 행동일까?

요즘의 남북 관계를 보는 것 같아 답답하다. 만일 그대에게 이런 일이 생긴다면, 해결 방법은 무조건 이혼인가? 하고 묻고 싶다.

내가 아는 여인이 있다. 혼자 산다. 적당한 미모와 날씬한 몸매를 갖추고 있는 여인이다. 이 여인은 바쁜 여인이다. 남자도 있지만, 자주 바뀐다. 이 여인과 대화를 할 기회가 있기에 물었다. 어떻게 행복하게 살려하느냐? 하니 더 늙기 전에 능력 있는 괜찮은 남자 만나 사는 것이 목표란다. 아내로도 좋고 아니면 한 달에 몇 번 와서 지내는 사이라도 좋은 그런 사람 만나려고 한단다.

그래도 좀 괜찮은 남자인가 싶어 이사람, 저 사람을 만나 보는데, 겉하고 달라서 자기에게 맞는 사람은 없고 한번 자기하고 놀면서 안고 싶어 하는 남자가 대부분이란다. 계산을 잘하는 약은 남자들이 많아, 자기가 사랑을 줄만한 깊은 마음을 가진 쓸 만한 남자를 만나기가 어렵다고 한다.

그러면서 좋은 사람 있으면 소개시켜 달란다. 그녀를 보고 나는 씽긋이 웃었다. 쓸만한 남자를 찾아서 뭐하나, 자신이 그런 그릇이 되지 않고 속빈 강정으로 이 남자, 저 남자 사이에서 수영을 하며 좋은 남자를 찾으니, 찾아질 리가 있나? 어림없는 소리다.

세상 남자들이 그리 바보가 아니다. 자신을 추스리고 바르게 열심히 살면서 좋은 인연을 찾아야 나타날까 말까다. 여인의 향에 반해 여인의 남자가 된다면 대부분 쾌락과 외로움을 달래기 겉만 번지르한 남자일 뿐이다.

대부분 사람에게는 살아온 여정에서 나오는 마음의 향기가 있다. 특히 여인에게서 나오는 냄새는 몇 번 그녀를 만나면 느낄 수 있다. 좋은 마음의 향기가 가슴까지 스며드는 여인의 향기가 있는가 하며, 겉은 모양이 좋은 것 같지만 왠지 값싸고 가치 없는 향기가 나는 여인도 있고, 썩은 냄새까지 진동하는 여인의 향기도 있다.

비싼 것이 어디 자갈길 돌멩이처럼 흔할까, 어디 좋은 인연이 그리 흔할까, 아무리 하늘에서 복이 넝쿨처럼 쏟아지더라도, 자신의 그릇이 소주잔보다 적으면 복을 담을 수 없듯이 자주 보는 내가 보기에도 저런 여인을 만나면 안 되고, 설사 모르고 만나더라도 나중에 후회할 것 같은 생각이 든다.

좋은 남자를 만나 좋은 인연을 꿈꾸다니, 좋은 꽃의 향기는 벌이나 나비를 부르지만 썩은 냄새는 파리를 부르는 법이다. 그녀의 향기가 썩은 냄새로 똥파리를 부르지 않고, 아름다운 향으로 멋진 나비나 벌을 부르는 여인이기를 바라지만, 내 앞의 여인은 너무 때가 많이 묻어있어 좋은 향기가 절대 날 것 같지 않아 걱정이 앞선다.

여인을 그리워하며

비오는 거리를 걸어봤다. 부를 친구도, 여자도 있었지만 오늘은 부르고 싶지 않았다. 아무런 내용도 없는 대화도 싫고, 그냥 웃어가며 대화하고 노래방에서 노래나 하다 헤어지는 그런 여자도 만나기 싫다.

비가 오는 이 거리를 걷는 것 보다, 왠지 모르게 허전함을 느끼는 이 가슴을 채워 줄 사람이 생각나지 않는다. 마누라로 채워지지 않는 벽이 생각난다. 물론 애들을 키우고 살림을 하고 미우나 고우나 옆에서 고생 하는 여자, 하지만 그 여자를 통해 만족할 수 없는 가슴을 느끼고 간혹은 외로워하는 나는 뭘까?

가랑비가 내린다. 왜 사람은 아무나 하고 어울리며 놀고, 어느 여자나 여자는 같기에 느끼는 마음도, 사랑도 같으면 얼마나 좋을까? 이 비오는 거리를 누구나 관계없이 어울려 이야기도 하고 같이 교감을 할 수 있으면 얼마나 좋을까?

아무 여자나 관계치 않고 즐기면 어떨까? 그냥 그렇게 보내기 싫어 보슬비 내라는 이 거리를 손을 잡고만 걸어도 좋은, 뽀뽀만 해도 좋은, 이야기만 하고 걸어도 좋은, 그런 여인을 생각하고 그리워하며 빗길을 걸어가는 나는 누굴까?

한 여인과 이야기를 했다. 남편이 공직자로 좋은 곳에 근무하는 사람의 여인이다. 이 여인, 남편이 자기를 싫어하고 피한단다. 밖에서는 완벽에 가까운 사람인데. 왜 자기에게만 남편이 못 하는지 모르겠단다.

오늘도 자기가 많은 여인들이 문제가 되는 유방 쪽의 건강이 문제가 있어 비록 아주 초기로 적은 크기지만 그 혹을 제거 하는 날짜를 받는 날이데, 알아서 하라는 이야기만 하더란다. 너무 서러워서 눈물이 나온단다. 그러면서 눈시울을 붉히며 흐르는 눈물을 손수건으로 닦는다.

자기는 남편과 애정이 없더라도, 남편이 자기를 싫어하더라도 이혼은 않고 산단다. 어떻게 하더라도 딸 시집 보낼 때까지는 산단다. 그리고 마지막 말, 그 말을 들으면서 가벼운 충격을 느꼈다.

"내가 밖에만 나가면 얼마나 많은 남자들이 날 좋아 하는지, 모든 남자들이 나만 그리 좋아하는데......!" 하며 눈물을 흘리면서 그 말을 한다.

나는 놀랐다, 며칠 전에 우리 와이프가 나하고 가벼운 말다툼을 하면서 던졌던 말,

"내가 밖에서 얼마나 남자들에게 인기가 있나 모르시나 보네~!"

이런 이야기를 나름대로 폼을 잡는다는 여인들, 여러 명에게 들었던 이야기였다.

여인들은 자기가 좀 이쁘고 봐줄만 한 사람이며, 밖에서는 남자들이 다른 여인들보다 자기만을 훨씬 더 좋아한다는 생각을 갖고 있는 것 같았다. 어떤 혼자 사는 어떤 여인은 "남자들은 자기만 보면 오금을 저려한다, 난 남자가 너무 따라서 귀찮아 죽겠다! 내 뭐를 남자들이 그리 좋아하나~?" 자랑스럽게 말하는 여인도 있었다.

왜? 특별히 자신만을 남자들이 좋아한다고 느낄까!

왜? 남자들은 그래도 조금만 봐 줄만하면 적당하게 친절을 베푼다는 것을 모를까!

왜, 남자들 심리에 열 여자라도 마다하지 않는다는 것을 모를까!

왜? 남자는 자주 먹는 밥보다 간혹 한번 먹는 라면을 좋아하는 것을 모를까!

왜? 배고픈 늑대는 경우에는 치마만 들려도 좋아하는 것을 모를까!

많은 남자들이 옆의 여자 누구보다도 자기만을 좋아하는 줄 착각하는 여인들이 많다. 어떤 남자든지 자기가 추파만 던져도 냉큼 오리라 하고 생각하고 있다. 분명 그럴 수도 있다! 몇 번 만나고 즐길 수 있는 동안은, 좀 맛이 없더라도 색 다름에 취하는 것이니까. 간혹 한번 씩은 맛있게 맛볼 수는 있으리라.

나의 경우는 많은 여인들 속에서도 진지한 대화를 나누며 가볍게 차나 술 한 잔 할 여인들 도 찾기가 어렵다, 진정한 마음으로 사랑이 오갈 수 있는 상대를 만나기는 너무 어렵다. 그렇게 많은 남자들이 좋아한다는 여인들이 많지만 정작 쓸 수 있는 내 여인으로 만나도 싶은 여인은 너무 없더라.

잘난 체 하는 여인, 겉멋만 든 여인, 계산 잘하는 여인은 많아도, 진정한 가슴이 있는 여인은 별로 없더라, 오늘도 그 아쉬움에 목말라 한다.

황량한 바람 부는 들판에 서 있는 기분을 느낄 때가 많다. 진정으로 누구의 도움을 받는 것보다, 누구에게 힘을 얻는 것 보다, 나의 인생은 마음으로나 물질적으로나 받는 것보다는 주는 것이 많아야 될 팔자를 느끼는 운명이라고 볼 수가 있다.

많고 적음을 떠나 어느 대상을 볼 때 먼저 내가 저 사람을 위해 해줄 부분이 무엇인가? 생각할 때가 많다. 누구의 지시나 도움 없이 내가 판단하고, 내가 결정하며, 그 결과 역시 내가 책임져야 하는 인생이 나의 인생이다.

그래서 그런지 여인을 만나면 반대적으로 어떤 심리가 작용되는 것 같다. 여자에게 잘 해줄 생각보다 그 여자에게서 부드러움을 느끼고 싶고, 그 여인에게서 어떤 편안한 서비스를 받고 싶어 하는 마음을 갖고 있으니 요즘 세상처럼 여인들의 계산이 정확하고 빠른 세상에 호랑이 담배 피던 옛 시절의 여인을 그리고 찾으려 하니, 내가 생각해도 멍청한 것 같다.

나의 주변에는 내가 여인 편력이 화려한 것 같이 보는 분들이 많으나, 실상은 속빈 강정이다. 나처럼 일주일에 전라도에서 충청도, 충청도에서 경상도 그리고 간혹은 서울 아니면 부산으로 다람쥐 쳇바퀴 돌듯이 연속으로 물처럼 흐르는 사나이는 계산 빠른 여인에게는 인기가 별로 없나 보다.

인물 좀 괜찮지, 술 잘 먹지, 농담 잘 하지 등 여러 가지를 생각하고 계산하여 미리 빠져주는 똑똑한 여인들이 많으니, 겉만 보기 좋지 속은 텅빈, 속빈 강정 같은 인물이 나다.

인간은 누구나 외롭다고 한다
외롭기에 생각할 수도 있고
외롭기에 누구를 찾아 기댈 수도 있다
외로워야 성장할 수 있는 동물 중 하나가 인간이다.
외로워야 강해진다는 것은 누구나 알 수 있지만
간혹은 헌신적이며 솜사탕처럼 부드러운 나긋한 여인이
허전 하고 외로운 마음을 채워줄 여인이
마법의 램프에서처럼 뿅~하며 나타나 주기를 바램은
나만이 바라는 돈키호테 같은 생각인가?

이런 꿈을 꾸는 것 자체가 마누라나 주변의 여인이 알면 욕먹을 생각이자, 꿈 인가? 아무런 매력이 없는 여인으로 만족하며 사는 뭇 사나이들처럼 나도 이런 꿈도 버려야 된단 말인가?

마누라는 마누라로, 어떤 사랑스러운 여인은 여인으로 바램은 나만의 꿈이란 말인가?

홀로 있는 조용한 시간에 꿈꾸어 보는 춘몽이여!!

여인들의 위대함

여인 둘과 차를 마셨다. 어떤 업무 때문에 조금은 아는 처지이다. 두 분 중, 한분이 혼자 살고 있단다. 깊게 물어보지 않았어도 눈치로 보니 이혼한 지가 3년 정도 되는가 보다, 내가 차를 마시다 물었다, "00씨, 혼자 살기 어려울 텐데 재혼할 계획은?"

자기는 지금 46살인데 5년 있다가 재혼을 하려고 한단다, 왜, 5년 후인가? 지금 딸이 고 3이란다, 이 딸이 대학을 마치고 자기의 길을 갈 때, 재혼을 하고 싶단다.

그전에 가면 안 되는 이유는 무어냐? 지금은 딸이 달려 있고, 또한 지금 남자를 만나면 딸 때문에라도 사람을 안보고 돈을 볼 도리 밖에 없으니, 별 볼일 없는 남자를 만날 수도 있지만 앞으로 딸을 대학 졸업시킨 후에, 평소에 딸보고 대학 졸업 후에는 너의 인생은 네가 살라고 했으니, 그때 가서 같이 손잡고 산책도 하고 기분 좋은 대화도 나누면서 가려우면 긁어 주는 그런 좋은 남자를 만고 싶단다.

그때 그 나이에 좋은 남자 만나기가 그리 쉽단 말인가? 하자, 이 여인 말하기를 내 친구 둘이 이혼했는데 그중 하나는 총각하고 결혼 했고, 또 하나는 애 있는 남자를 만났는데 둘 다 잘 산단다. 하니 자기도 그때 가서 자신이 있단다, 아주 당당하게 이야기를 하였다.

앞으로 남자들은 큰일 났다 싶었다. 사십 중반의 여인들이 이혼을 밥 먹듯이 하고, 또한 재혼을 대형 할인매장에 가서 싼 물건 사듯, 마음대로 골라갈 수 있는 것이 현실인가 보다. 총각에게 시집가는 것도 아주 쉽단다. 이 일을 어떠할까? 이런 이야기를 우리 마누라가 알면 가뜩이나 외박을 밥 먹듯이 하고 집에 가면 큰소리나 치고 그리하면서도 당당히 사는 난데, 이런 이야기를 듣는다면 생각하니 묘골이 송연하다.

내 마누라만이 아니고 애 한둘 낳고도, 그것도 사십이 훨씬 넘은 여인네들이 총각도 골라잡아 시집 두세 번 간다니 특히 중년의 남자들은 큰일 났다 싶다. 대한민국의 중년 여인들이 다 이혼하고 몽땅 총각들에게 재혼을 한다면, 아가씨들은 누구에게 시집을 갈 것인가? 실없는 생각을 하고 웃으며 그 당당한 여인의 입을 바라봤다. 대단한 입이다. 립스틱 칠한 붉은 입술이 창을 통해 들어온 햇살에 번쩍거린다. "아, 붉게 빛나는 여인의 입술이여! 영원히 빛나라!"

커피를 시키고 그 앞에서 기다리는데, 커피를 타던 여직원이 나를 본다. 한번 웃어주었다. 상대도 따라 웃는다.

이곳 고속도로 휴게소에 위치한 엔젤리너스 커피 전문점은, 내가 커피를 즐겨 마시면서 나의 입맛에 맞는 커피를 찾던 중, 그래도 다른 커피보다 입에 맞았기에 가능하면 나는 이곳을 찾는다. 한 잔의 커피가 고속도로를 달리는 나에게 한 시간 정도를 행복하게 해주기 때문이다.

고속도로를 달리면서 천천히 음미하는 그 맛의 부드러움과 씁쓸한 달콤함은, 어느 면으로는 인생의 향기로움 같은 한 단면같이 생각이 되어 이곳을 자주 찾는 단골이 된 셈이다. 이곳에 근무하는 여직원 두 사람도 내가 적어도 일주일에 2~3번 들리니까 나를 기억한다.

한 사람은 커피를 만들고, 또 한사람은 그 옆에 서 있다. 이곳 고속도로 휴게소의 커피 전문점은 특성상 손님이 몰릴 때는 정신없이 몰리고, 나머지 시간은 대부분 한가롭다. 나는 손님이 몰려 바쁠 때는 피한다. 커피는 느긋하고 여유롭게 마시는 것이 좋지, 시장판 같이 복잡거릴 때는 맛이 좀 떨어지는 것 같다.

오늘도 나 혼자다. 기분이 좋다. 여직원이 나를 제차 본다. 그리고 묻는다.

"복숭아 좋아 하세요?"

"아~예~!" 하고 그녀를 보면서 손을 보니, 복숭아를 들고 있다.

"방금, 누구한테 받은 건데 맛이 있답니다. 드세요~" 하며 손에 들고 있던 빨간 자두 비슷한 복숭아를 준다. 나는 웃으며 얼떨결에 받았다.

커피와 복숭아를 갖고 차에 올랐다. 복숭아를 한입 깨물어 보았다. 물기가 많으면서 맛있었다. 복숭아를 먹고 커피를 한 모금 마셨다. 호흡을 조절하고 편한 맘으로 차를 몰 생각으로 몇 분 뒤에 출발하기로 하고 잠시 생각해 본다. 고맙다, 간혹 들리는 단골손님에게 갖고 있던 복숭아를 주다니 고운 마음이다.

한 여인의 순간적인 마음이, 오늘 나의 하루를 즐겁게 해줄 것 같다. 복숭아 하나지만은, 이 복숭아 하나가 어떻게 쓰이냐에 따라 나도, 남도 즐거워질 수 있다니, 복숭아를 준 그 마음에 감사하며 그 여인이 오늘 복 받고 편하게 하루 보내기를 바라는 마음이 간절히 든다.

인간의 관계는 무엇을 주느냐에 따라 오는 것 또한 달라지리라. 다시 한 번 복숭아 준 그 여인에게 좋은 하루이기를 바라면서 미소를 지으면서 차를 출발시켰다. 커피의 향을 즐기며 고속도로를 느긋이 달리며 고마운 마음 가슴에 담고, 오늘도 나의 시간 최선으로 보내리라 다짐해본다.

비가 오면 생각나는 여인

구태여 우산을 쓸 필요가 없는 가랑비 내리는 초여름 날이었다. 늦게 점심을 먹고 시장 쪽 으로 난 길로 해서 사무실에 가려고 걷고 있었다. 차가 다닐 수 없는 넓은 길이기에 걷기에는 좋았다.

그때 한 여인이 나를 보는 것 같더니, 내 쪽으로 온다, 스쳐지나 가는 사람으로 알고 지나가는데 내 앞으로 온다. 그녀가 걸음을 멈춘다. 자연스럽게 나도 멈추었다. 그녀가 나를 보며 수줍어하며 말을 한다.

"저..저..",

"예 ~! 왜요~!"

"저, 내가 지금 굉장히 우울한데 시간이 되면 저한테 술 한 잔 사주면 안 될까요?"

"아!~예.....!!" 대답하면서 나는 당황했다. 이 밝은 날에 순간적으로 보아도 극히 정상적인 가정주부 같은 여인이 처음 보는 나에게 길거리에서 나에게 술을 사달라고 하다니, 40대 중반 정도의 뛰어난 미모는 아니나 수수하면서도 늘씬한, 그래도 괜찮은 여인이 몹시 망설이며 나에게 부탁을 했다.

여인은 안절부절 못하며 좀 불안한 눈으로 나를 본다. 빠르게 머리를 돌렸다. 어떤 사연이 있는지 모르지만, 어떤 문제를 안고 있는 것 같은 이 여인을 위하여 오후 일정을 취소하고 같이 시간을 보낼까? 내 앞에 어쩔 줄 몰라 하면서 상처 입은 마음의 눈으로 나를 보는 이 여인, 내가 누군지도 모르는 이 여인, 괜한 골치 아픈 인연을 만들 수 있지 아니 한가. 그리고 나에게는 오후에 처리해야 하는 일 또한 있지 아니한가? 생각하며 결단을 내렸다.

"아~예, 한데 내가 오후일이 있어서 죄송합니다."

"아~예, 미안해요..."하며 날 한번 보더니 고개를 숙이고 뒤돌아 간다. 잠시 멍한 기분으로 가는 그 여인의 뒷모습을 보았다.

나를 보았던 그 눈빛, 분명히 어떤 실망과 원망 비슷함이 깃든 눈빛이었다. 잘못했구나 하는 생각이 들었다. 아무리 오후의 일정이 있더라도 충분히 미룰 수 있었고, 시간을 낼 수도 있었건만 어떤 괴로움에 처한 여인의 부탁을 거절하다니 무엇인지 모르지만 잘못한 일 같았다.

한사람의 인생을 좋게 바꿀 수도 있었을 시점에 내가 비껴간 듯한 찜찜함에 가슴이 아팠다.

여러 사람을 도왔다 하면 도왔고, 남에게 도움을 주려 노력을 하며 산다고 살아오는 내가 내 앞으로 온 왠지 모르지만 어떤 가슴 아픈 상처를 입어 길가는 나에게 도움을 청했는데 그 청을 거절했다니, 씁쓸한 마음이다.

세월이 2~3년 흘렀다. 많은 여인과 차도 마시고, 술도 마시고, 즐겁게 시간도 보냈지만 오늘 같이 비오는 한가한 날에는 문득 문득 그때에 뒤돌아가던 그 힘없는 여인의 뒷모습이 생각난다. 옛날 한번 안아달라는 여인의 부탁을 거절한 뒤 조선의 장수가 되어 임진왜란의 초기에 탄금대에 진을 쳐 왜적과 싸우다 몰살한 비운의 장수 신립의 예처럼, 그가 죽을 때 나타났다는 그 여인의 환영이 훗날 나 죽어 혹 좋은 곳에 못 가면 그 이유가 여기에 있지 않을까 생각하며, 그 때의 그 여인이 현명하게 그 일 잘 풀어 행복하게 살고 있기를 바란다.

친구들과 한잔 후, 노래방에 가게 되었다. TV를 뉴스 말고는 볼일도, 음악을 별도로 들 을 일도 없었기에 노래방에 가서는 20~30대에 듣고 배운 노래가 다 일정도로 노래의 밑천이 짧다. 하기에 몇 번을 가도 그 노래가 그 노래이다. 그러나 내 친구들은 어떻게 배웠는지, 최신식 노래를 곧잘 부른다.

오늘은 친구가 '오늘처럼'를 불렀다. 그 노래를 듣다보니, 가사가 가슴이 찡하며 눈물이 날 것 같다. 그 가사의 일부는 이렇다.

"아주 잊지는 말아요~사랑했던 사람아, 오늘처럼 바람 부는 날이면 당신 숨결이 그리워요~"

가슴에 성큼 다가오는 가사다. 그 가사속의 슬픔을 그대로 느낄 수 있었다. 친구들과 헤어져 다음을 약속하고 천천히 걸어왔다.

낮부터 왔던 비는 그치고 바람이 아주 심하게 부는 날이다. 이런 바람 부는 날에 한잔을 하고 아까 들었던 가사를 음미하면 나처럼 사랑을 해본

사람들은 느낄 수 있을 것이다. 아주 잊을 수 없는 얼굴과 그 느낄 수 있었던 숨결을, 잊은 줄 알았건만 가슴 저 깊은 곳에 묻혀 있다가 어떤 감정을 건들기만 하면 다시 피어나는 아련한 추억의 모습들.

사람에게는 추억이 있는 것이 좋다고 본다. 그 추억이 떠올리면 창피하고 잊고 싶은 추억이 아니라면, 없는 것보다 있는 추억이 좋으리라. 확실히 나이를 먹는다는 것은, 어느 한편으로는 추억을 자주 되돌아보는 것이 아닌가 한다.

나만 같아도 예전보다 훨씬 흘려간 어느 부분을 떠올림이 많아졌다. 그 어떤 계기가 되면 갑자기 떠올랐다 사라지는 그 모습. 한번 정도는 어떻게 살고 있나? 보고 싶은 마음도 있지만, 그러나 보면 어느 부분은 분명 실망할 것이기에 그리워도 가슴으로만 그리고, 가슴으로면 꿈을 꾸다 그렇게

그렇게 잊는 것이 좋을 것 같다.

그러나 분명한 것은 오늘처럼 한잔하고 혼자 있는 밤이면, 그 님의 그 숨결 또한 분명히 그립다.

봄날은 간다

봄인가 하고 차창 밖을 보니, 봄은 가고 어느새 여름이 성큼 옆에 와 있다. 가는 세월이야 어찌하겠냐만 봄의 그 움트는 생명의 신비, 춥고 어두웠던 대지에서 솟아오르는 생명의 환희를 더 느껴보려 했건만 더욱 더 억세지는 겨울과 여름의 힘 앞에 맥 못쓰고 가는구나.

환하고 그 원색의 밝음으로 온 대지에 생명의 빛 보이고는, 누가 잡을까 무서워 가는 님처럼 봄은 그렇게 빨리 도망갔구나.

짙은 푸름이 있는 여름도 좋지만은, 아직은 조금은 여리디 여린 그 초록이 좋았기에 나는 빨리 지나간 봄을 아쉬워한다.

그 봄이 오면 내 가슴에도 새로운 기분 좋은 변화와 같이 할 것 같았기에 기다렸던 봄이었는데, 아쉬움만 가득 남기고 떠나가는구나.

내가 좋아 하는 "봄날은 간다." 라는 노래가 떠오른다.

연분홍 치마가 봄바람에 휘날리더라
오늘도 옷고름 씹어 가며 산제비 넘나드는 성황당 길에
꽃이 피면 같이 웃고 꽃이 지면 같이 울던
알뜰한 그 맹서에 봄날은 간다.

꽃이 피는 봄날에 함께 웃고 치마나 머리도 휘날리지 못하고, 벚꽃 피고 지는 강변을 제대로 걷지도 못했는데, 아쉬움을 느끼면서 자연을 보는 것 또한 인생의 이치인가? 눈송이처럼 날리던 그 하얀 벚꽃은 다 가고 없지만 차창 밖에 활짝 피어있는 아카시아 꽃의 그 짙은 달콤한 향기가 차안으로 밀려오는 것 같아 깊은 숨 마셔보며 그 향기 가슴에 가득 머금고, 초여름의 향 짙게 뿌리는 고속도로를 힘차게 달린다.

토요일 대전에 친구 아들 결혼식에 갔다. 오랜만의 만남는 친구들과 일요일 새벽까지 자리를 옮겨가며 술을 마셨고, 아침에 겨우 함양에 왔다.

11시30분에 또 모임이 있었다. 즉석에서 '봄날은 간다'라는 옛 가요를 여러 번 합창하고 술잔을 높이 들며 "위하여"를 외쳤다. 그리고 한잔을 쭉 마시고, 또 '봄날은 간다.'를 부르고 건배를 하고, 마시고를 반복하였다.

갑작스러운 모임이라, 많이 참석은 못했어도 올해는 적은 모임을 자주 하고 내년 4월 말이나 5월 초에 함양의 농장에서 전국적인 모임을 갖기로 하고, 그날 봉사할 사람 10여명을 미리 정했다.

내년엔 '봄날은 간다.'의 문학과 음악의 밤을 성대하게 개최를 해야겠다. 많은 분들이 '봄날은 간다.'회원으로 가입을 하여 인생의 가는 봄을 아쉬워하며, 아직은 조금 남은 봄날을 기분 좋게 즐기며 인생을 생각해 보는 시간으로 만들기로 하였다.

나의 봄날은 갔나?

아직은 조금 남았단 말인가! 하하하

기쁨

서울 지역 직원들이 60살 전의 귀한 생일이라고 서울 대방동의 한 식당에 초대해, 생일잔치를 거나하게 해주었다. 직원들이 주는 꽃다발 그리고 각자의 성의가 들어간 봉투들을 받고 보니, 어찌나 기분이 좋던지……

나는 무리하게 준비하지 말라고 당부 했는데, 업무가 미처 끝나기도 전에 시작해서 남자 직원들이 빠져서인지 완전 홍일점으로 잔치를 하게 되어, 주변의 남자 손님과 식당의 써빙하는 사람과 주방에 있는 사람 그리고

▲필자 생일날 직원들과 함께 식사

식당의 사장까지 '내 팔자가 이건희보다, 아니 대통령 보다 더 좋다.' 구부러워한다.

몸 둘 바를 모를 정도의 극진한 칭찬에 입이 저절로 벌어져 닫어지지 않는다. 살아가면서 어떤 보람이 느껴지는 시간이었다.

"나의 사업적인 성공과 실패는 오로지 여러분들 손에 달려있다. 여러분들의 열정과 열의 그리고 충성심 그 길만이 내가 내 꿈을 키울 수 있는 길이니, 좀 부족한 대접을 받으면서 근무하더라도 최선을 다해 달라'.고 나는 부탁을 했다.

최선을 다 하겠다는 열의로 빛나는 눈으로 다짐하는 직원을 보고, 어떤 면으로는 내가 참 행복한 사나이구나, 라는 기분 좋은 느낌을 받았다. 이런 서울 직원들의 미소가 즐거운 보람으로 오래오래 가길 바라면서, 내가 이들에게 좀 더 잘해줄 방법은 뭘까?를 생각하면서 기쁘게 잔을 들어 건배를 하고 마셨다. 정말 기쁜 하루였다.

입안이 깔깔하고 바짝 마른다. 머리도 띵한 것 같다. 일기 예보에는 서울권에 함박눈이 내린다 했는데 다행이 진눈개비만 조금씩 날린다. 고속도로 군데군데 염화칼슘에도 녹지 않은 눈들의 뭉치가 보인다. 자연스럽게 힘이 들어가는 핸들을 잡은 손에 긴장을 풀며 어깨를 돌려본다.

지난밤을 생각하며 빙그레 웃어본다. 오랜만에 보는 친구들, 그리고 선배, 후배들 다들 반가웠다. 특히 처음 보았기에 좋았고, 나름대로 매력을 갖추고 있는 그들과 잔을 부딪치고 건배를 했기에 술맛이 더 났었던 것 같다.

남자의 심리는 처음 보는 인물들이 더 좋은가 보다. 이 모두를 언제인가는 함양에 초대하여 '봄날은 간다.'를 높이 부르고 잔을 드는, 술 마시는 모임에 가입을 시켜야겠다. 뜻이 통할 수 있고, 말이 통할 수 있는 남자나 여자는 함께 자리를 하면서, 웃고 대화하며 한잔하는 것도 신이 나에게 내린 은총 중 하나이리라.

삶은 즐길 줄 아는 자의 몫이 아닐까?

자기와 통할 수 있는 사람을 찾는 것도 인생의 과정이리라. 친구이던 애인이던 또, 아무런 의미가 없는 사이더라도 마음이 통할 수 있는 사람을 보고 웃을 수 있는 것 또한 축복이 아닐까?

내리던 눈이 대전을 통과하면서부터 더 굵어지는 것 같다. 고속도로 옆의 나무들은 이미 반은 눈에 덮혀 있고, 나머지는 흑갈색으로 명암이 뚜렸하다.

삶도 저럴까? 흰색으로 덮인 것을 보고 흰색을 찬양할 수도 있고, 눈이 쌓이지 않은 나무를 보면서 이것이 진정한 나무의 색이다. 라고 말할 수도 있겠지만 이 또한 자연의 일부분이 아닐까?

보이는 대로 보는 것 또한 자연을 보는 눈이리라. 진탕 한잔 마시고 띵한 머리로 고속도로를 달리는 이 순간도 나에게는 중요한 시간이다.

날리는 눈송이를 다시 바라보며, 그 송이 송이에 어제의 그 시간을 같이 했던 모두를 그려본다.

귓가에 스치는 감미로운 시간이여, 다시 한 번 재회를 꿈꾸어 보며 함박눈이 꽃비 되어 내리는 쭉 뻗은 고속도로를 나와, 간밤에 마신 술의 찌꺼기를 긴 호흡으로 날려버렸다.

제6장
고향의 강

고 향

비가 폭우처럼 쏟아진다. 전주로 출장 가는 길이다. 잠시 생각한다. 비오는 고속도로를 천천히 가는 것보다 얼마 떨어지지 않은 고향 강경을 한번 둘러보고 익산으로 빠져 가더라도 별 시간 차이가 나지도 않고, 전주의 일도 시간을 다투는 일이 아니니까 오랜만에 강경을 들려 보기로 했다. 비 내리는 고향은 운치가 더 있을 테니까, 비가 축축이 내리는 속에 내 고향이 있다. 옥녀봉 가는 길로 차를 몬다.

옥녀봉 입구다. 그 옥녀봉 가는 입구에 중앙 감리 교회의 건물이 쏟아지는 비속에 십자가 탑을 우뚝 세우고 서있다. 감회가 새롭다.

40여 년 전, 집안 전체가 열열한 기독교 집안의 아들인 어릴 적 나하고는 아주 친했던 친구가 항시 부드러움으로 나에게 토요일만 되면, 일요일에 교회 나갈 것을 약속하게 했고, 혹시 빠지면 다음날 학교에서 다음 일요일에는 꼭 교회를 나올 것을 다짐하게 했던 친구, 그 친구의 덕택에 열심히 교회에 나갔다.

어떤 신앙심이 아닌 친구의 노력에 의해서였다. 나는 성경 공부는 감리교회 바로 우측 부근에 있는 여 권사님 집에서 성경의 대부분을 배웠다.

그 집에는 우리보다 한 학년 늦은 여학생이 있었다. 지금도 기억이 난다. 아담과 이브의 이야기, 소돔과 고모라성, 모세의 기적 이야기, 노아의 방주 이야기, 다윗왕의 이야기, 현명한 솔로몬 왕의 이야기, 예수의 이야기, 베드로의 배반자 유다의 이야기 등...... 지금도 어떤 기독교인하고 토론을 해도 지지 않을 상식적인 성경의 이야기를 그 여 권사님의 말씀을 통해 배웠다.

지금은 기독교인은 아니지만, 지금 살아계실지 모르지만 그 성경의 이야기를 말씀해준 그 분께 진심으로 감사를 드린다.

중 3때였던가,

크리스마스 날에 교회에서 "구두쇠 스쿠로우치"를 우리 중등부에서 연극을 한 적이 있었다. 그 때 나는 스쿠로우치의 친구 영혼 '마네' 의 역할을 한 것으로 기억된다. 그 감미로웠던 시간들, 그리고 교회에서 성경 공부가 끝나면 금강의 둑을 걷고 또 달렸다. 비교적 체력이 좋았던 나는 우열을 못 가리는 친구들을 데리고 둑에 나가 결투 즉 싸움을 시켜 그 우열도 가려줬다.

그 시절 불어오는 강바람과 둑을 끼고 무성했던 갈대들의 모습, 깨먹다만 돌산의 잔해와 은빛으로 출렁거렸던 그 금강의 물결들, 그 바람과 갈대의 노래가 때론 누렇게, 어느 때는 맑고 파랗게, 어느 순간에는 그 물결 속에 금빛, 은빛처럼 출렁거렸던 그 강물의 모습이 어느 때부터 인지 가슴의 한구석에 지워지지 않는 고귀한 추억으로 내 가슴에 머물고 있다.

그리고 오늘처럼 비 오는 날에는 한번 그 고향의 향수가 진하게 풍긴다.

날 비록 기독교인은 못 만들었지만, 성경에 능통한 인물로 만든 그 친구는 지금 지방의 병원에서 원장으로 근무하고 있다. 그리고 교회에 장로다.

빗속에 있는 교회, 그리고 옥녀봉에 오르는 좁은 길, 그 속에 묵혀 있는 추억의 저편, 세월이 많이 흘러간 느낌이 든다. 그리고 요즘 통 못 만나고 있는 장로 겸 의사 놈을 시간 내어 꼭 만나로 가야겠다.

삶 속에서

월드 컵 경기를 봤다. 열열이 응원을 하다 우리가 지고 나는 맥이 좀 빠지고 허탈했다. 인생 같았다. 열심히 살고 열심히 나름대로 뛰고 있지만, 우리는 언젠가는 이 축구경기처럼, 모든 것이 맥없이 끝나는 것처럼 우리의 삶도 이렇게 허무하게 마무리 되는 것이 인생 아닌가 생각이 든다.

요동치며 적극적으로 서로 공격과 방어가 있고, 웃는 자가 있으면 또한 우는 자가 있으니, 목숨을 걸다시피 뛰어도 역량이 모자라면 할 수 없으며, 경우에 따라서는 흘린 땀보다는 운이 따라줘야 하는 일도 비일비재하다.

사람은 누구나 자신만의 축구 경기를 하고 있지 않을까? 월드컵에 출전한 선수보다 더 길고 긴 시합을 그 사람의 인생에서 퇴장하는 날까지, 경기의 심판이 끝남을 알리듯 신이 휘슬을 불어 삶을 끝낼 때까지 최선을 다해 뛰면서 울고, 웃고, 보람을 느끼거나 좌절도 맛보면서 결국은 체력의 한계도 느껴보고, 보이지 않는 신들이 지켜보는 경기를 우리는 하고 있는 것이다.

자신들이 좋아하는 선수의 경기에 큰 응원을 보내듯이, 우리를 좋아하는 신들도 각자가 좋아하는 삶의 선수를 열광적으로 응원하고 있지 않을까? 저 건너 어디선가 목이 터져라 나를 열심히 응원하고 있을 나의 팬의 함성에 결과야 어떠하든지 호흡을 조절하며 끝냄의 휘슬을 불어 시합을 끝내고, 수고했다고 눈물을 흘리며 반겨줄 팬을 위하여, 월드컵 경기는 끝났어도 나의 인생의 경기를 위해 오늘 입가에 미소를 지으면서 오늘도 걸으리라.

천천히 여유로운 마음으로 가는 자 또한 실력이 있는 인생의 선수가 아닐까? 모든 삶의 선수들에게 큰소리로 모두를 위해 화이팅을 외쳐본다.

농장에서 온 요가 회원들하고 사물놀이를 했다. 밖에서 서로의 만남에 반가워하면서 많은 대화를 나누며 고기를 구어 먹으면서 한잔하면서 밤을 새웠다. 일부가 안으로 들어와 농장에 항상 비치되어 있는 기구로 사물놀이를 하잔다. 이곳은 주변 민가하고 적당하게 떨어져 있으므로 소리가 안 들릴 정도여서 자유롭게 소리쳐도 될 정도였다.

대학에 출강하는 분, 공직자, 학교 선생, 요가학원 원장 등 몇 사람의 모임이라, 구성이나 그 소리가 제법 리듬을 타고 흥겹게 흐른다.

사물놀이는 우리 민족의 소리여서 들으면 저절로 어깨가 들썩이고 흥이 난다.

사물놀이를 안주 삼아 한잔을 하다 보니, 세상의 모든 근심걱정이 그 소리와 같이 흘러간다. 갑자기 시 한수가 떠오른다.

꽃피는 봄 떠난 후
은하수 흐르는 여름밤에
가까운 사람 모여 흥겨운 장단 밤을 깬다

고요함은 누구의 소리고
흥겨움은 뉘의 소린인가
물소리에 뒤척였던 밤 어제였건만
오늘 흥겨움에 몸을 떤다.

고향의 강

기다려 주는 사람도
보고 싶은 애틋한 사람도
보면 눈물 흘릴 그리운 사람도 없는 고향
그 고향에 또 갔다

나를 마음에 두지 않는 상대를 그리며 보고파서 그의 주변을 맴돌듯이, 발정기의 암캐를 죽자, 사자 따라 다니는 수캐처럼 바람 부는 고향의 강가를 갔다.

나에게 고향이란 무엇인가? 어떤 흡입력이 있기에 외롭다고 느껴지거나, 힘들다 느껴지거나 무료함이 생기면, 내가 주로 생활하는 대전에서 한 시간 미만의 거리에 있는 강물이 조용히 흐르는 고향으로 달려간다.

그 고향의 강가에 가면, 오래전 잊은 어머니의 자궁의 평안함을 그리는 것처럼 자기가 태어난 모체의 강을 찾아 산란을 하고 삶을 마감하는 연어처럼, 그렇게 고향에 가 그 강가의 강물을 보면 어떤 원초적인 편안함을 느끼게 된다.

강가에 서서 강물을 보고 있노라, 그동안 내가 잊고 살았던 어떤 감정의 흐름이 얼었던 개울물이 녹아 얼음 속에서 소리 내어 흐르듯이 가슴속에 흐르는 표현하기 어려운 감정의 어떤 기운의 흐름을 느끼게 된다.

다시는 돌아갈 수 없는 기억의 저편에 흐르는 어린 시절의 잃어버린 향기 때문일까? 내 몸은 어느 곳에도 느낄 수 없는 평온함으로 꽉 찬다. 무심히 해탈의 마음으로 흐르는 물과 바람을 느끼기에는 너무 좋다.

아직은 이른 봄이기에 찬바람이 세차게 부는 강가에서 보니, 작년의 마른 갈대가 찬바람에 흔들린다. 나는 온 몸으로 그 공기의 흐름을 느끼며, 땀으로 찌든 몸을 사우나에서 씻고 나오는 상쾌한 기분처럼 마음의 때를 한 꺼풀씩 벗긴 마음이 된다.

고향이란 참 묘한 구석이 있다. 젊어서 청운의 뜻을 품고, 세상을 나름대로 활갯짓 하면서 살아갈 때는 가슴 저 깊은 곳에 있기에 그리워하지도, 찾지도 않았건만 젊은 세월 보내고 인정하기 싫지만 무르익은 중년이 되어서야 찾게 되다니, 고향은 그립고 가보고 싶은 그리움이 생각나는 중년들의 마음인가 보다.

오늘도 웬지 고향이 그리워
그 흐르는 강물이 보고 싶어
나의 가슴에 흐르는 강물을 찾아서
고향인 강경을 갔다.

그냥 보고 있어도 좋은 고향의 강
고향의 하늘은 너무 아름다웠다.

가을바람에 갈대는 날리고
수천 년 흐르는 강가

어린 날 가장 편했던 어머니의 품처럼
평안함을 주는 강가를
나는 천천히 걸어 봤다.

가슴 깊이 고향의 푸른 강물과 그윽한 풀내음이 가득한 공기를 향수처럼 느끼며 마음껏 마셔본다. 지금은 없어진 만남과 헤어짐의 상징인 나루터와 등대가 서있는 돌산의 길도 걸어본다. 가슴 저 깊은 곳에 묻혀 있던 그 어린 시절의 콧물 훌쩍이며 친구들과 같이 달리고 있는 모습이 떠올려진다.

그 초롱초롱한 눈 빛내며,
맘껏 뛰어놀던 시간
그립고 그리운 추억의 옛날이여

아 고향이란
희망의 봄 같은 어린 날과
단풍처럼 잘 익은 중년의 시간

그리움과 애잔함으로 흐르는
나를 부르는 소리가 있는
잔잔히 흐르는 강의 속삭임
영원히 흐르고 흘려라

고향의 강
그 흐르는 물이여
영원한 아름다움이여.

사노라면 만나는 인생

한 여인이 찾아왔다. 키도 크며, 통도 큰 여인인 듯 말하고 행동하는 것이, 화끈한 여인 이었다. 술도 예전에는 말술이었다는데 지금도 마시는 품이 나는 도저히 적수가 될 수 없는 여인, 술도 시원하게 마신다.

이런 면에서 간혹은 비애를 느낀다. 누가 먹자고 할 필요도 없이 술과 같이 마실 좋은 상대만 있으며 밤을 새워 먹고 마셨지만, 지금은 소주 두 병 이상을 먹으려면 아주 좋은 분위기나, 혹은 각오를 단단히 하고 마신다.

▲지인들을 배웅하는 필자

여인에게 그만 마시자고 할 정도로 내가 약해지다니, 세월이 아쉽다. 여인이 나 보고 지리산 백무동 계곡에 가잔다. 백무동 계곡에 자기 소유의 펜션을 갖고 있단다. 아래는 식당이고, 이층은 방이 8개란다. 자기는 외국에 자주 가기에 지금 동생에게 맡겨 관리하고 있단다.

차로 백무동에 갔다. 여인이 안내한 펜션은 백무동 계곡의 바로 옆에 있었다. 건물이 두동 같지만 한 동으로 연결되어 있었다. 식당도 깨끗했고 방도 아주 밝았다. 여인이 나를 안내하여 모든 부분을 보여준다. 그리고 농장에서 대접을 잘 받았으니, 이곳에서 음식 젤 잘하는 곳에서 식사를 대접하고 싶단다.

식당에 앉아 음식을 기다리는 동안 내가 여인에게 말했다. "펜션이 좋기는 한데 이런 곳에는 부부가 살면서 놀면서 운영해야지, 외국에 자주 가는 분이 운영하기는 힘들 것 같다." 여인이 말한다. "투자 목적으로 100평의 건물을 사 놓고 놀릴 수 없어 동생에게 관리와 운영을 맡겼는데, 선생님 말씀처럼 요즈음 이것 때문에 골치가 아파 죽겠다."라고 했다.

"팔지 그러나?"하고 물으니, "팔고는 싶은데 이런 부동산은 인연이 있어야 하잖아요." 한다.

맞다, 이런 지리산의 계곡, 좋아서 찾는 사람만 찾는 곳은 남을 쓰고는 어려울 곳이다, 부부 지간에 협력하여 인건비 줄이고, 자연이 좋아서 퇴직이나 현역에서 은퇴한 부부가 경영하면 좋은 곳이지, 아무나 성큼 달려들기는 어려울 것 같다.

묻기 어려운 질문이지만 물어 보았다.

"사실 때 얼마나 주었지~?", 들어간 돈만 세금 빼고 억 주었단다. 머릿속으로 생각해 보았다. 한, 3~4억만 갖고 이곳에 들어오면 크게 이익은 없겠지만, 적당히 노력의 대가를 얻고 몇 년 지나면 부동산도 가격이 오르면 괜찮을 것 같다.

한 3~4억 갖고 지리산의 물줄기 좋은 백무동 계곡에서 마누라와 같이 살면서 지내면 그 또한 얼마나 좋으랴~!, 내가 가서 살고 싶지만, 나는 할 일도 많고 일을 못하는 체질이라서 엄두가 안 난다.

산 좋은 지리산의 맑은 옥수 같은 물 흐르는 백무동 계곡에서 낮술에 취해서 바라보는, 수수하게 입었지만 고급스럽게 보이는 여인이 예뻐 보이고, 여인의 뒤에 보이는 지리산의 봄의 하늘은 맑고도 푸르다.

바람에 떨어진 봄꽃이
하늘에 날리고 있다.

만나면 이별은 필연,
만남이 길면 긴대로
짧으면 짧은 대로의 이별인가?

오늘 나하고 관계가 깊은 분들이 농장에 오셨다 가셨다. 시간이 빨리 가 빨리 헤어짐을 바라는 마음도 있었지만, 하루의 일정을 마무리하고 오신 분들이 떠나가게 되어 잘 가라는 손짓을 하고 뒤돌아 숙소로 발걸음을 옮기자 하니 문득, 삶에서 만나고 헤어짐의 연속에 생각이 간다.

대부분의 헤어짐은 기쁜 헤어짐과 슬픈 헤어짐이 있는데, 오늘의 헤어짐은 말썽장이 손자를 데리고 친정에 와 며칠 있다가 가는 딸을 마중하는 마음이 아닌가 싶다. 감당하자 못할 정도로 생명의 율동을 토해내는 손자가 예쁘지만, 체력적으로나 정신적으로 견디기 어려운 딸과 손자가 모퉁이 돌아 보이지 않는 순간 만세도 부르고 싶고, 또 보고 싶은 기분이 교차되는 느낌이 그 느낌과 같지 않을까, 하는 생각을 해본다.

이별의 기쁨과 좀 더 있다 갔으면 하는 심정이 교차되는, 가슴으로 느끼는 헤어짐의 시각 속에서 뒤돌아보니 가는 버스 다리를 건너고 있다. 저 다리만 건너면 이젠 시야에서 완전히 사라진다. 그 버스의 꼬리를 보며 저 안의 모든 분들 각자의 목적지까지 아무 탈 없이 무사히 잘 가기를 한 번 더 기원한다. 그리고 손을 쭉 펼치고 만세 삼창을 하듯 하늘을 본다. 가을 하늘에 흰 구름이 무심코 떠간다.

살다 보면 실망을 느낄 때가 많다. 가뜩이나 서로가 약속을 했기에 믿었던 일이 가볍게 무산되던지, 그의 역량으로 봐 충분히 처리할 수 있는 일을 기대의 절반도 미치지 못할 때, 가슴으로 실망이 밀려온다.

살다 보면 너무 실망할 일이 많기에 나는 어떠하면 실망스런 일이 앞에 다가올 때, 얼굴로 그 실망의 표정을 드러나지 않도록 자신을 연마한다. 그러나 믿었던 일이 틀어질 때, 그 순간에 표정을 관리하고 이 일의 뒤처리를 신속히 해 뒤에 올 여러 가지의 감정적이나 실질적인 손해를 최소한으로 하려고 노력한다.

실망이란 인간 간의 관계에서 발생된다. 오늘도 나 역시 한 사람을 실망시켰다. 그들이 나를 그들의 거래 속에 집요하게 여러 가지 방법을 동원하여 동참시키려 노력했으나, 그들의 성의도 감사하지만 뒤의 거래에 대한 어떤 보장과 앞날을 예측하기가 어려웠기에 더 큰 뒤의 실망을 방지하고자 그들에게 정중하게 "이번의 거래는 아무리 생각해도 나로서는 어려울 것 같아 이번 거래는 사양하겠습니다. 앞으로 모든 일이 잘되길 바라며 동안의 호의에 감사드립니다. 건강하십시오."하고 그들의 실망하는 얼굴을 떠올리며 전화를 끝냈다.

한 번의 미안함이 두고두고 질질 끌려가며 후회하는 것보다 나으리라. 이렇게 나도 남을 실망시키고 지금까지 살아오면서 얼마나 많은 사람들, 가족, 친구, 애인, 지인, 마누라 또는 나의 자식들에게도 실망을 많이 주었을까? 실망을 많이 남들에게 주었기에 나에게 오는 실망을 감정을 추수를 수 있고, 실망을 주는 상대에게 웃음을 줄 수야 없겠지만 되도록 싫은 표현을 하지 않고 무덤덤하게 받아들일 수 있도록 한~.

한 사람이 실망을 주기에 덤덤히 웃었다. 그리고 실망한 마음을 표하지 않고 평안하게 대화를 했다. 그랬더니 실망스럽게 끝낼 일이 다시 기분 좋게 풀리는 일로 되지 않는가? 헤어질 때는 기분 좋게 악수를 했다, 그는 다시 나의 사람으로 되었다. 다시 나를 실망 시킬 것 같지 않았다.

돌아오면서 웃었다. 실망을 시킨 사람에게 실망하지 않고, 부드럽게 웃으며 편안하게 대화를 한 덕택이다. 앞으로도 파도가 밀려오듯이 새로운 실망의 여러 가지도 밀려 올 것이다. 그래도 그때에도 되도록 실망치 않고, 그 기분을 표정에 드러내지 않고 가슴이 아파도 부드럽게 넘어가리다.

"그래, 그래 실망하지 않기다."

청춘

어젯밤, 아니 오늘 아침 새벽 두시까지 친구와 한잔하고 헤어져 비가 오락가락하는 길을 잠시 걸었다. 즐거운 기분을 느끼며, 한편으로는 이 나이에 이렇게 마시고 다녀도 좋은가? 하는 생각도 들었다.

몸은 세월과 같이 흐르건만, 마음은 여전히 청춘 같고, 가로등 불빛과 검은 하늘 그리고 간간히 보이는 차의 불빛을 마주하거나, 뒤로하고 밤길을 걷자니 감미로움과 그 무언인지 모르는 고독감이 스며든다.

사람의 삶에는 즐거움도 있고, 성취감도 있고, 허전함도 있으며, 어렵고 어려움도 있지만, 그러나 이 밤에 한잔 술에 취해 걷는 미묘한 마음의 상태 또한 살아 있기에 느끼는 감정이 아닐까?

머리와 볼에 떨어지는 비 방울들이 싫지 않고, 따뜻하게 달아 오른 몸을 식혀주는 것 같아 마음 편하게 받아드리며, 빗방울을 더 맞기 위해 얼굴을 들어 본다. 그리고 검은 하늘을 본다. 검은 구름 사이로 간혹 밝은 구름이 보인다.

세상이 아무리 어둡다 해도, 아무리 검은 비오는 밤이라 해도, 그 속에는 밝음이 보인다. 어둠에서 밝음을 보는 눈으로 길을 갈 수 있는 역량을 키워야겠다.

문득, 어느 스님이 했다는 말이 생각난다.

'모든 걱정도 낙, 즉 즐거움이다.'

나도 이 고요함이 깔려있는 이 길을 걷고 있는 것, 이것도 다 살아 있기에 느낄 수 있는 감정이 아닐까? 이 기분의 모든 상태를 그대로 받아 드리고 느끼는 자체도 내 삶이 아니가! 이 나이에도 이렇게 마시고, 이렇게 즐기며 비오는 밤길에서 내일을 꿈꾸는 생각도 하면서, 이 자연을 보고 즐길 수 있지 아니 한가.

아직 나는 비오는 쓸쓸한 밤길을 외로움에 떨면서 옛 님을 생각하며 걷는 사람이 아니다. 밤하늘도 보고, 비구름도 보고, 빗방울도 맞으면서 후덕지근한 습기도 가슴으로 받아드리는, 나는 아직은 청춘이다.

함양에서 모임을 가졌다, 비록 참석은 자주하는 편은 아니나, 이 모임의 특성은 한번 모이자 하면 최하 모임의 인원이 30명 이상이란다, 함양이기에 참석하기에는 좀 멀다하면 멀기도 하여 잘 와야 10명 정도 되겠지 생각을 하였다.

하나 함양에 도착해보니, 너무 놀라웠다. 광주에서, 서울에서, 강원도 춘천, 수원 등 적어도 4~5시간 이상을 걸려 모임에 참석한 그 인원이 30명에 달해 그 모임의 결속력에 놀라움을 금할 길이 없다.

모두의 협조 속에 밖에서 모닥불을 피고, 대화를 하며 술 마시는 친구, 실내에서 흥겹게 노래하면서 마시고 노는 친구, 다슬기 잡으려 가는 친구, 자연을 마음껏 향유하는 친구 등 입맛대로 각자의 취향에 맞게 마음껏 시간을 보냈다, 모두들 마음껏 시간을 보냈던 여름날의 하루였으며, 흥에 겨워 즐거웠던 한 여름날의 저녁이었다.

그냥 걸어봤다
어느 곳인가 관계가 없었다

싱그러운 공기가 필요했다
가슴에 시원함, 상쾌함을 넣고 싶었다
시원하고 고운 바람 귓가에 스치길 바랐다

하늘도 푸르다
신선한 초록이 산뜻한 희망을 준다

코끝을 지나는 바람
삶의 모든 것을 날린다

생존과 사투의 난장판
바로 몇 십분 거리건만

이곳은 푸른 잎이
바람에 춤추는 자연이다

나도 자연의 하나 되어

부는 바람이 미는 곳으로 흐느적거리며 간다

얕은 정갈이 가벼운 색이기에
더 희망으로 보이는 잎새의 색이여

삶의 진정한 고요
가슴에 빛으로 쌓으며
그 빛 날리는 바람 불어도 느끼는 인생의 시간
자연은 더 없는 축복이리라

하나 내 가슴엔 초록만 보내
내려가는 길에
동동주 한잔 생각나는
자연이 숨 쉬는 길 걸어본다.

제주도

코레일이 주관하는 제주도 관광을 하는 여행 상품이 있기에, 지인의 가벼운 권고도 있고 해서 모처럼 아내와 같이 나들이를 했다. 익산역에서 KTX를 타고 목포까지, 목포에서 스타크루즈를 타고 제주에 가는 코스였다.

약간의 설렘을 갖고 익산에서 기차를 탔을 때, 미리 대전에서 타고 있던 얼굴이 익은 산악회의 몇몇 지인들이 반긴다. 그들에게 아내를 소개하고, 이번 제주여행을 최대로 재미있게 보내자 했다.

'이번 제주 여행길에 가면 내 필히 한잔 사리다.' 하고 큰소리를 쳤는데, 그때 기쁘게 제주에서 한잔 하자고 맞장구를 쳤던 몇 사람이 안 보인다. 아마 바빠서 빠졌나 보다 생각하고 예약되어 있는 우리의 좌석에 갔다.

한 시간 이십분 후에 목포에 도착했다. 목포역에서 10분미만 차로가 배를 탔다. 제주 가는 '스타 크루즈'라는 아주 거대한 배였다. 굉장한 규모의 배였다. 전국 각 지역에서 모인 천명은 넘을 것 같은 많은 사람들이 각자 나름대로의 멋진 복장을 하고, 거대한 배를 오르는 모습이 대단했다.

옆에서 누군가가 말한다.

'크로즈' 로는 세계에 몇 대없는 대형으로 사람을 한 이천 명 정도 태우고, 차도 한 이백 대를 싣는다고 한다. 그 큰 배에 모처럼의 즐거움이, 여러 여행객의 얼굴에 몸으로 베여 기쁨의 향으로 나오는 듯이 어떤 즐거움과 기쁨의 기운이 가득한 모습이며, 세상의 어려움과 짜증나는 일에서 잠시 해방된 분들의 말과 웃음소리가 이곳, 저곳에서 다소 큰소리로 맛있는 음식이 그릇에서 끓는 것처럼, 틀에서 벗어난 해방의 즐거운 소리와 웃음으로 이곳, 저곳에서 피어난다.

즐거운 기쁨이 솟아나는 난장판처럼 다소 들떠있고 모두의 얼굴에는 웃음이 가득하다. 배가 출발하기 전부터 선실의 이곳저곳에서 술을 마시는 흥이 가득한 목소리들이 고함소리 같이 들썩들썩 거린다.

조용히 여행을 즐기려하는 여행객에는 분명히 어려움으로 다가갈 수 있는 크고 작은 집단에서 즐기는 해방과 약간은 무질서의 모습으로 즐거움의 여러 요인이 거대한 솥에서 맛있게 부글부글 소리 내어 끓고 있었다.

나도 우리들의 일행과 준비해온 여러 가지 음식으로 먹고 마시고 소리 내어 웃으며 즐겼다. 잠시 일에서 벗어난 즐거움이 느껴진다.

한 4시간 배로 가는가 보다, 일행과 먹고 마시다 술이 취하면 가판에 나와 멋진 섬들의 모습과 불어오는 바닷바람의 부드러움을, 나는 갈매기를

▲제주도 여행에서 아내와 함께

벗 삼아 즐겼다.

같이 간 일행을 제주 관광조, 올레조, 등산조로 나눴다. 나는 가볍게 걷는 올레조에 신청했는데, 막상 어느 구간은 올레길도 험난했다. 저녁에 올레조 일행과 같이 간 동문시장의 동해회집에서의 한잔, 인연이 있게 주인과 어울려 맛있게 재미있게 회를 먹었다.

제주의 동문시장 안에 있는 동해횟집, 주인의 친절과 좋은 회, 아주 저렴한 가격, 가볍게 제주에 관광 가는 분들은 필히 동문시장 안에 있는 동해회집으로 가보세요. 가면 돈 버는 것입니다. 가서 작가 박부도김의 소개로 왔다고 말하면, 서비스가 최고일겁니다. 여행에서 만나는 인연의 즐거움을 느끼게 했던 횟집이었다.

다음날 와이프와 말도 타고, 상황버섯 파는 곳에서 좋다하기에 버섯도 샀고, 기암절벽이 있는 올레길 7코스를 걸었다.

화산으로 인해 생긴 바위들이 바다를 향해 기묘한 신비로움의 모습으로 바다를 향해 몇 키로 펼쳐 있었다.

치는 파도소리, 그 자연의 울부짖음을 내내 들으며 검은 색갈이 많이 들어간 수억 년 전에 화산으로 만들어진 특별한 모습의 바위로 된 길을 조심조심 걷노라니 그 즐거움, 내가 아는 모든 이들에게 권하고 싶었다. 꼭, 제주도에 와서 올레길 7코스를 걸어보라고, 파도소리를 들으며 걷는 절벽의 돌, 자연이 만든 그 길을 걸어보면 가슴이 놀라고, 어느 남태평양의 섬처럼 크게 서 있는 야자수가 제주의 하늘과 같이 그대를 반기려니, 그것이 삶의 환희가 아니냐 말하고 싶다.

아쉬움을 뒤로하고 다시 '스타크로즈' 에 올랐다. 각 조별로 나누어 있었던 분들과 반갑게 만났다. 그 즐거움에 미리 준비한 음식을 안주로 술판을 벌렸다. 많이 마셨다. 취하도록 즐겁게 너무 마셔, 술을 깨려고 가판에 나왔다.

석양이었다. 가볍게 안개가 낀 바다에 해가 지고 있었다. 강하게 불어오는 바람을 맞으며 가판에 편하게 앉아, 지는 해와 부는 바람, 끝없이 펼쳐진 저녁의 바다에 하나의 자유인이 되어 감격해하며 깊게 숨을 들이마셨다.

그때 나를 위해 나하고 올레길을 같이 걸었던 회원 몇 사람이 컵라면을 들고 왔다. 잔잔한 남해의 바다 위에서 큰 배위에 앉아 즐겁게 같이 했던 분들과 술과 자연과 자유에 취한 같이 보는 석양의 아름다움이여!

우리의 앞에 있는 컵라면은 그렇게, 그렇게 불고 있었다.

가까운 유적지를 보고

충남 논산시 연무읍에 있는 후백제의 왕이었던 견훤의 능에 갔다. 한적한 시골의 장소에 찾는 사람도 없는 나지막한 동산에 능이 있었다.

견훤은 신라의 장수로 완산(지금의 전주)을 도읍지로 백제의 혼을 이어가는 나라로 깃발을 세워 신라, 고려 중 한때는 제일 강력한 힘을 자랑하였으며, 신라에 쳐들어가 포석정에서 신하들과 잔치를 하던 경애왕을 없앴던 인물이다.

고려의 왕건을 죽음의 앞까지 몰았던 인물이었으나, 결국은 잘못된 판단으로 인해 믿었던 아들 금강왕자의 칼날 아래 자신의 후임으로 생각했던 가장 사랑했던 아들 어린 신검왕자가 형에 손에 목이 날아가고, 자신은 김제의 금산사라는 절에 유폐를 당했으나 그 금산사를 탈출하여, 적인 고려의 왕건에게 눈물로 항복, 왕건에게서 군사를 얻어 아들 토벌에 앞장을 서 미운 아들도, 그가 세웠던 나라도 없앴던 인물로, 후백제를 멸망시키고 9일 만에 인생의 허망함에 괴로워 하다가 이곳에서 비통한 생을 끝냈던 비운에 왕이다.

후삼국에서 제일 강성했던 국가의 왕이 결국은 자신의 칼아래 아들과 국가를 없애야 했을까? 여러 가지 이유야 분명이 있었겠지만 그 책임은 분명이 견훤, 그의 책임이었을 것이다.

가장 힘이 있었을 때 국가를 더 부흥하게 하지 못하였으며, 미숙한 판단과 처리로 강력한 힘을 갖고 있는 실세의 아들을 무시하고, 사랑한다는 어린 아들에게 왕위를 물려주려다 불만을 가진 아들에 의해 한 아들은 죽고, 자신은 절에 갇히는 신세가 됐을 때 얼마나 분노를 느꼈기에 적장에게 무릎을 꿇고 그의 앞잡이가 되어 자기가 세운 나라를 망하게 하고 미운 아들의 목을 쳤으나, 그렇다고 그의 한이나 분노가 풀어졌을까?

그는 분명 못난 왕이었다. 결국은 자신의 분노로 이루었던 모든 것을 자신의 손으로 멸하였으니, 왕의 신분을 떠나서 일반인으로도 실패다. 사려 깊지 못한 생각과 행동을 했던 격한 감정의 인물이었으리라 짐작해 본다.

죽기 전에 얼마나 가슴 찢어지는 통한의 눈물을 흘렸을까? 나는 그 눈물을 느낄 수 있을 것 같다.

이른 봄의 바람이 작년의 메마른 낙엽 흔들고 있고, 능 앞에 프라타나스의 헐벗은 가지에 솔방울처럼 둥그런 모양으로 달린 열매가 아직도 많이 달려있다. 작년에 다 떨어졌어야 할 열매가 저렇게 많이 달려있을까?

하는 생각과 나는 이런 인물은 되지 말고, 좀 더 현명하게 살아가야지 하는 마음을 떠올리며 능을 뒤로 돌계단을 밟으며 내려왔다.

옛 백제의 왕성이 있었던 것으로 추정되는 공주에 있는 공산성에 올랐다. 계절은 이미 5월이어서 일찍 피었던 봄의 꽃들은 그 화려함을 잃고 있었다. 백마강을 끼고 천연적인 요새 일수도 있는 강가에 성은 있었다. 잘 정비된 입구에서 그 옛날 한 국가의 중요했던 왕성의 길을 오르자니 고향이 강경인 나로서는 백제의 흥망의 역사가 나의 가슴에 밀려온다.

이 자리에서 숨을 쉬고 살았을 조상의 모습과 멀지 않은 곳에서 태어나고 자랐기에 웅장하다거나 자랑할 만한 역사가 별로 없는 백제, 뛰어난 지도자가 없어서 많은 외침 속에서 사라졌던 선조들의 비애를 산성에 오르기 전에 이미 가슴으로 느낄 수 있었다.

천년의 시공을 뛰어 넘어 그 숨결을 느끼고자 왕성의 터에 발걸음을 옮겼다. 신라와 당나라의 연합군에 의해 패망한 백제의 마지막 의자왕이 당나라로 끌려가기 전에 머물렀다는 성, 조선시대 '이괄의 난' 때 인조가 이고까지 내려와 살았다는 성이 봄바람 부는 푸른 하늘아래 천년의 흐름을 간직한 체, 공주의 성벽에 깃발을 날리며 있었다.

이 왕성을 갖고자 쳐들어 왔을 적군의 모습과 이 성을 지키고자 자신의 목숨을 걸고 부릅뜬 눈, 끓는 가슴으로 창을 쥐고 가쁘게 뛰는 숨결을 느끼며 싸울 그 순간을 기다렸을 병사들의 모습이 아련히 떠오른다.

성의 곳곳에서 들려오는 함성의 소리, 이곳은 결코 평화로움을 즐겼던 곳이 아닌 피가 튀고 순간의 기합과 고통의 소리까지 생생이 느껴진다. 성의 곳곳에 있는 꽃잎과 들풀들의 잎에 천 년 전, 이 자리를 가득 채웠던 옛 젊은 조상들의 흔적과 그 거치었을 생사의 숨소리 가 곳곳에 스며들어 유유히 시간 흘려 지금까지 남아 있을 것 같다.

내가 그때의 시절에 숨을 쉬고 이 산성에서 적과 대마주하고 있었더라면, 어떤 기분과 감정의 흐름으로 저 강 너머의 적군을 보고 있었을까 천

년을 넘어 밀려오는 적군을 보며 어떻게 저 적을 무찌를까 생각하는 장군의 마음으로 나는 강물을 보고 있다. 저 유유히 흐르는 강물처럼 천 년 전이나, 지금이나 같은 속도로 시간은 흐르고 있다.

적은 어디에도 있는 법. 이 봄날에 걷으면서 바라보는 왕성의 옛터, 수가 적었기에 계속 남으로, 남으로 내려가다가 결국은 부여의 부소산에서 멸망한 백제의 역사를 이곳에서 읽을 수 있었다. 적의 창끝과 칼날아래 백마강의 바람으로 승화한 선조들의 아픈 모습이 보이는 것 같다.

깃발은 움직이는 힘의 상징이다. 펄럭이는 깃발아래 쳐들어오는 적을 보며, 눈을 부릅뜨고 맹수의 포효처럼 소리 쳤으리라, 깃발을 잡아본다. 바람에 펄럭이는 힘의 흐름이 느껴진다. 하늘을 찌를 듯한 기개를 느낄 수 있다. 어느 전투나 일단은 전투가 시작되면 이기고 지는 것은 나중의 결과이리라. 병사들은 앞의 적과 네가 죽나, 내가 죽느냐가 중요 했으리라. 그들은 죽음 앞에서 무엇을 생각 했을까? 천년의 세월이 흘렸다.

세월은 무심히 흘려 그 함성과 고통의 단장의 소리 다 하늘에 날려 버린 채, 모든 일의 해결이 시간인양 이제는 백마강 너머에는 많은 집들과 아파트로 덮여있어, 세월의 허무함을 말해준다.

강물은 유유히 봄을 노래하며 흐른다. 백마강에도 해가 지기 시작한다. 천 년 전, 역사의 흐름을 간직한 체 오늘도 석양에 깃발을 휘날리며 어둠에 묻혀갈 왕성의 옛터, 그 옛날의 영웅이 누구냐 묻지도 않고, 누가 이기고 졌냐고 묻지를 않는다, 불어오는 강바람에 흔들리며 서 있는 고목만이 묵묵히 있다.

나 역시 옛날의 이 왕성을 지켰을 장수의 마음으로 이 왕성을 돌아보고, 세월의 무상함과 역사의 아픔을 동시에 느끼면서 천년의 하늘아래 밀려오는 애잔한 감정의 흐름을 맛보며, 석양의 어둠에 묻혀가는 왕성을 뒤로하고 발걸음 옮긴다.

강경(아이스케키)

업무 차 논산시에 갔다.

예정보다 업무가 쉽게 일찍 끝나서 생각지 않았던 자투리 시간이 나기에, 이곳에서 몇 십 분이면 갈수 있는 옛 추억이 고스란히 담겨 있는 곳이 그리워, 택시를 타고 강경역으로 가자고 했다.

20분도 안 걸려 도착을 한다. 택시에서 내렸다. 고향역이다. 조용한 고향 역에는 광장에 몇 대의 주차된 차량만 보일뿐, 지나가는 행인도 보이지 않고 역사에 우뚝하니 세워진 국기봉에 몇 개의 깃발만 부는 바람에 힘차게 휘날리고 있다. 조용하고 한적한 흐름만이 오랜만에 찾아온 사람을 조용히 반기듯이 파란하늘 아래 서있다.

지금이야 그렇지 않지만 옛날 시골의 아낙네는, 몇 년 만에 찾아온 서방님을 눈물 나게 반가워 달려가 껴안고 몸부림치며 울고 싶어도, 감정의 표현에 약하고 감정을 표현치 않는 것이 습관 되어 눈물을 옷고름으로 훔치며 고개만을 숙여 울고 싶은 님을 반기던 소박하지만 못난 옛날의 여인 모습처럼 조용히 반기는 약하고 세련이 안 된 여인의 순박하고 소박한 반김의 표현 같은 바람만 역에 흐른다.

그리웠던 고향의 역이다.

흘려간 세월의 무상함을 느끼면서, 한참을 멍하니 쳐다보고 있었다.

나의 고향, 그 옛날에는 서해안의 고깃배들이 직접 강경의 포구까지 들어와 잡은 생선을 거래 했기에 한때는 평양, 대구, 강경이 3대 시장이었으나, 강이 큰 배가 들어올 수 없었고, 교통의 흐름이 강경에 맞지 않았기에 급속히 쇠퇴한 곳이 나의 고향 강경이다.

간혹 고향을 스쳐가며 보면 추억이 깃든 아름다운 거리의 모습은 없고, 젓갈 파는 상점들이 강경의 모든 것의 대명사 이듯 젓갈의 가게만 즐비한 젓갈의 명소가 되어 있었다.

금강의 줄기가 한쪽은 부여 쪽으로 흘러 백마강이 되고, 한쪽은 논산의 벌판으로 갈라지는 때로는 누렇게, 때로는 푸르게, 때로는 은빛으로 흐르는 고향의 강이다.

간혹 고향에 가보면 빗겨가는 한세월의 이 너무 길어 한 번의 쇠퇴가 너무 아팠기에 맥을 못 쓰는 사람처럼 다 쓸어져가는 폐허 같은, 힘없이 늙어가는 노인처럼 미래가 없는 대부분의 타 도시에서 볼 수 있는 활력이라고는 약에 쓰려고 찾아봐도 보이지 않는 무력한 모습으로 강을 끼고 처참한 모습으로 쓰러져가는 고요하며, 무력감이 짙게 깔려 있는 애잔한 고향이었다.

강경역,

예전에는 많은 생선과 젓갈을 취급하는 사람들로, 이지역의 가장 큰 규모의 5일 장이 섰기에, 또는 이 지역에서는 가장 명문 중, 고등학교가 있어서 많은 남녀의 학생들이 호남이나 대전아래의 모든 지역에서 대부분 기차로 통학을 했기에 항시 활동적인 힘이 북적거렸던, 언제나 분주한 시끌시끌했던 역이었기에 고향에 들려 그 옛 모습을 보고파 들러보았으나, 한가한 게 역무원도 졸고 있을 것 같은 시골의 간이역 수준이었다.

사람들의 왕래도 없는 역에는 깃발만 외로이 바람에 휘날리고 있었다.

옛날의 한 모습이 주마등처럼 눈앞에 흐른다. 추억의 깊은 심연 속에 까만하게 지나간 그 시절이 다시 올수 없기에, 과거의 한 흐름으로 간혹은 생각나는 그 때의 모습이 어쩔 수 없었기에 정든 사람들과 이별을 하면서 눈물을 흘렸던 곳.

헤어질 수밖에 딴 방법이 없었기에 말로는 뒤에 보자 하면서도 그것이 이별인 줄 알았기에, 아무 소리도 못하고 바라만 보다가 눈을 감아버리고 가는 기차에 몸을 맡겼던 그때의 첫사랑이 지워지지도 않지만, 확실한 모습도 사라져 희미하게 간혹 떠오를 뿐인 모습.

몇 년이 흐른 후, 찾아왔건만 그 때는 이미 잘 아는 선배의 아내였던 모습, 아프고 쓰라린 회한의 마음을 누르고 눈물을 감추며 기차를 탔던 곳, 그녀의 모습 지우려 노력하고 노력 했던 아픈 마음의 추억을 간직했던 고향의 역.

고향역이라는 노래만 들어도 가슴에 그 모습 떠오르며 나를 반기며 달려 올 그녀를 상상으로, 가슴으로, 그리고 그리워 하며 간혹은 눈시울 붉혔던 고향의 역, 그 얼굴이 눈앞에 흐른다.

10대에 고향을 떠나 40여년이 흐른 지금에 보는 고향의 역, 그리워하고 보고파하며 한 번 더 이곳에서 보고 싶은 나에게는 그리운 모습들이 이제는 결코 뒤돌아 올 수 없기에 다시 한 번 그 시절로 돌아가 그녀의 따스하고 부드러운 손을 잡고, 이 고향 역을 걸어 봤으면 얼마나 좋을까! 하는 부질없는 생각을 하며, 천천히 예전 어릴 적의 추억이 얼키고, 설킨 곳을 천천히 걸어 본다.

옛날의 넓은 길이 좁고 길었던 먼 거리가 짧다. 강이다.

내가 살던 곳이다. 강의 바로 옆에 살았기에 문만 열면 강을 볼 수 있었다. 썰물에 따라 많은 물이 들어오면, 여름에는 강에서 살다시피 놀았고, 썰물이면 얇은 강물에서 고기 및 조개를 실컷 잡던, 왕 잠자리를 잡기위해 몇 시간씩 강을 따라있던 수초를 밟으며 뛰어 다녔던 곳이다.

초등학교까지의 모든 추억이 대부분 녹아져 있는 나의 놀이터였던 추억의 강가에 왔다. 예전부터 있던 다리에 걸음을 멈추었다. 난간에 손을 벌려 잡으며 아래를 보았다. 예전엔 제법 물이 흐르던 강이었건만, 지금은 강을 절반은 포장을 하여 주차장으로 쓰고 있고, 그 옆으로 겨우 실낱 같은 물길이 힘겹게 흐른다.

초라해진 강물은 도시의 시궁창 물처럼 그렇게 어렵게 힘들어하며 흐르고 있다. 수술 후 환자처럼 힘없이, 맥없이 겨우겨우 흐르고 있다. 새삼스럽다. 머나먼 추억의 저편에 가슴의 가에 깊게 갈아 앉아 있던 그 옛날이 떠오른다.

나의 아버지는 일제시대에 일본에서 고학으로 돈도 벌며, 학업을 한 분이었다. 아버지의 지론에 의하면, 남자는 돈을 벌줄 알아야 남자지, 돈을 못 벌면 인물도, 인격도, 필요 없으며, 돈을 벌줄 아는 남자가 남자다운 남자다. 하는 분이다.

내가 초등학교 4학년. 형이 6학년의 여름방학 때이다. 우리 옆집이 아이스케키 공장이 있었다. 그 옆집 덕에 여름에는 간혹 공짜의 아이스케키를 얻어먹을 수 있었다. 그 옆집 아저씨하고 아버지하고는 친했었기에 옆집 아이스케키 공장을 갔다 온 아버지는 양 팔에는 네모진 보냉용 통을 들고 오셨다.

나와 형을 부른 후 말하길, '방학동안 놀기만 하지 말고, 돈 버는 연습을 해야 하니 너희들 둘은 이 통 안에 아이스케키 25개씩 들었으니 팔아보아라.' 하신다. 대답은 막둥이처럼 "예" 했지만 난감했다.

내가 그래도 이 동네에서 힘 좀 쓰는 골목대장인데. 창피하게 아이스케키 통 메고 동네선 얼굴 팔리게 팔수는 없었다. 머리를 써 내말을 제일 잘 듣는 학교 단짝 교훈이를 떠올린다. 됐다 싶어 그의 집에 가 보니, 마침 놀고 있는 그가 있기에 그를 불러 말하길, "야~!, 우리 아버지가 옆집 아이스케키 집에서 이걸 갖고 와 팔아봐라 하시는데. 안 팔수는 없고, 이 동네에서 팔면 창피하니 다른동네로 이걸 팔려가자. 이 통 네가 메고 따라다니, 면 너 나중에 아이스케키 몇 개 줄께! 할래?" 하니 이 친구 한단다.

여름에 따가운 뙤약볕 아래 강을 끼고 윗동네 쪽으로 갔다 대략 20여분 가야만 되는 거리다. 한참을 걷다보니 땀이 난다. 바로 옆이 적은 물이 흐르는 얕은 강이다. 친구 교훈이보고 말했다.

"교훈아, 더운데 헤엄이나 치구 가자 " 하니 좋단다. 우리 꼬마들 중에서는 내가 수영을 제일 잘했고, 주먹도 그 동네에선 젤 셌다. 그래서 평상시도 친구들이 내말을 잘 따랐고, 특히 이 친구는 내 직속 부하나 다름없이 항상 날 따라하는 친구였다. 한참을 물놀이하고 나니 갈증이 났다.

그때 내 생각으로는 아이스케키 장사를 나왔지만, 몇 개는 먹어도 혼내지 않을 것 같았다. 아이스께끼 통을 열고 "우리 하나씩 만 맛보자, 많이 먹으면 나 울 아버지한테 혼나니 너도 몇 개만 먹는 거다. 많이 먹지 말자. 응!" 친구가 고개를 끄떡인다. 그 친구야 내가 주는 대로 먹으니 군말이 있을 수 없지만, 하나씩 먹고 일어나 윗동네 가는 길로 갔다.

그때의 우리 어린 시절은 뭐든지 모자란 시절이었다.

먹을 것. 입을 것. 아이들에 대한 애정 등 그 모든 것이 부족한 시절. 소수를 제외하고는 밥만 먹고는 잘 씻지도 않는 몸. 빨지도 않은 옷. 짐승처럼 강아지처럼 놀다 쓰러져 자고. 아침이면 일어나 학교가고, 학교 갔다 와선 점심 먹고 놀고, 저녁 짓는 연기가 동네에 피어오르면. 이집, 저 집에서 큰소리로 아이들을 부르고, 그때야 겨우 한둘 집에 가고, 저녁에 만나 놀 것을 약속하며, 그때의 우리는 그냥 노는 것만, 그것 밖에 없던 그 시절에 놀 일밖에 없었던 단순한 그 시절에, 마지막까지 남아있어 어둑어둑해질 때까지 놀다가 그리고 집에 가선 그렇게 불려도 늦게 온다고 그 시절 불 때서 밥을 했기에 나무를 밀어 넣던 나무대, 즉 부시 갱이로 울 엄마한테 한두 대 맞고 밥을 먹었던 노는 데는 일등이었던, 내가 장사는 무슨 장사를 했을까?

10여 미터 가다 땀이 나니 입은 것도 간단한 차림이었으니 위엔 메리야쓰, 아래엔 팬티 없이 입은 반바지, 그리고 신발은 고무신이어서 옷 다 벗는 데는 2초면 되었다. 벗고 물속에 가 개헤엄. 개구리헤엄. 잠수하기 등 갖고 있는 솜씨 다 부리며 놀고, 심심하면 물싸움도 했고, 갈증이 나면 아이쓰케키 꺼내먹고, 또 놀고 하다 보니 영원할 것 같았던 아이스케키 통이 어느새 다 비었다.

숫자 개념이 없이 물장난 하고 하나씩 먹고, 또 놀고 하나씩 먹었으니, 빈 통을 보자 순간적으로 아찔했으나, 아버지는 때리는 분은 아니니까 안 때릴 것이고. 엄니 한테만 맞으면 되는데 "에~이 한두 대 맞지 머~!" 하고 옆에서 나보다 더 걱정된 얼굴로 날 보고 있는 친구에게 "야~ 울 엄니한테 내가 몇 대 맞지 뭐! 더 놀다 가자~!" 하고 더 물장난을 했다.

물장난을 한참하고 보니 걱정이 되었다. 걱정이 되어 같이 놀던 친구를 보고 말했다.

"교훈아, 내가 아이스께끼 장사 나와서 다 먹었는데, 울 엄니한테 나만 맞게 됐는데. 나 혼자 맞으면 손핸데, 우리 형은 6학년인데 나보다 크니까 틀림없이 형도 다 먹었을 거야. 그러니 니가 우리 집 좀 정찰해라, 형 맞을 때 들어가 같이 맞게~응~!!"

친구 교훈이가 끄떡이고 우리 집을 향해 정찰하려 기분 좋게 뛰어갔다. 한참 후 땀을 흘리며 친구 교훈이가 뛰어왔다. 날 보더니 대뜸 말한다.

"형규야, 넌 맞아죽었다! 니, 형 있잖아, 글쎄 3번이나 팔고 지금 4번째 팔려 나갔다. 너, 클 났다." 한다.

앞이 깜깜해지고 노래졌다, 이 일을 어쩔까 진짜 엉터리 같은 형이다. 매일 칭찬은 형이요. 엄니한테 얻어맞는 것은 난데. 엄니의 부시갱이가 눈앞에서 춤추는 것 같다.

우리 형 소풍갈 때, 돈 주면 꼭 남겨와 "아버지, 어머니 돈 받으세요." 하

는 형,

"왜 뭐든지 안 사먹었냐?" 하고 부모님이 물어보면, 안 사먹어도 된다. 는 형. 맛있는 것 쌓아주면 꼭 반 남겨와 "아버지, 어머니 드세요!" 해서 칭찬만 받는 형이다.

나 돈 주면 학교 앞에서 교문 들어가기 전에 다 사먹었다, 남을 돈이 어데 있었을까? 그 좋았던 식성, 소풍가는 중간에 맛있는 것 다 먹고, 점심시간에 딴 애들 것 얻어먹으려 다니기 바빴으니까?

너무 대조적인 성격이라, 명암이 엇갈리는 수가 많았었는데 나 어릴 적 자랑할 것은, 낙천적 기질에다 우리 동네 내 또래는 다 잡고 있었던 골목대장이었다. 형까지도 내 적수가 못되었으니까.

그 형이 오늘도 4번이나 팔다니, 난 다 먹고 말았는데, 먹을 줄도 모르는 바보 같은 형이다. 그런 형 때문에 오늘도 나만 터지게 되다니. 어린 마음에 큰 일이었다.

시간이 흘렀다, 여름에 긴 낮도 지려는 가 보다.

아이스케키 같이 먹은 죄로 늦게까지 나하고 놀던 교훈이가 집에 간단다. 늦으면 혼난단다. 내가 말했다. "울 엄니, 나 기다릴 텐데 가서 말해라. 때리면 안 들어가고, 안 때리면 들어간다. 전해라", 했다. 친구가 먼저 간 길을 보면서 슬슬 따라갔다.

멀리 집 앞에서 부시깽이 들고 분명 나를 기다리는 울 엄니가 보인다. 멀리서 날 알아보고 부시깽이를 흔든다. 공포의 무기였다. 엄니하고 이야기했던 교훈이가 와서 하는 말 "밥 먹을 려면 오고, 굶을 려면 오지 말란다."하고는 자기도 혼나기 전에 집에 가야 한다며 무정하게 제 집으로 간다.

밥이야 안 먹고 살수는 없는 법, 맞을 각오를 하고 아이스케키 통을 매고 집에 갔다.

"아이구, 이 웬수! 형을 좀 닮아라! 형은 100개도 더 팔았는데, 너는 하나도 안 팔고 다 먹었다며 이~놈아, 매 맛 좀 봐라~!" 하며 사정없이 내려치는 부시깽이를 죽는 소리하며 안 맞으려 피하고, 피하는 나를 붙잡고 팼던 엄니, 그 옆에서 '그놈 정신 나게 많이 때려' 하던 아버지.

그 옆에서 고소해 나 맞는 것보고 실실대던 형의 밉고 무정하게 보였던 모습이 지금도 선명이 떠오른다. 많이 맞고 "너 같은 놈은 밥도 먹을 자격 없다. 굶어라~!" 해서 맞은 게 서러워서. 배고파 서러워서 고픈 배 안고, 이 다리 한쪽의 내가 잘 가서 놀던 난간에서 훌쩍이며 나오는 눈물 콧물을 팔로 쓱 문지르며 밤하늘에 밝은 은하수를 보았었지.

그 시절에는 여름철에 은하수도 정말 볼만했지. 여름밤이 하얀 벚꽃으로 수놓듯이, 별들이 그렇게 화려했었는데. 요즈음은 은하수가 있는지. 없는지 모르겠다. 정말 밤하늘에 별들만으로도 환했던 시절이었지. 멍하니 훌쩍이며 별들만 바라보고 있을 때, 그때 "아이고, 내 새끼!, 왜 하나도 안 팔고 다 먹어 매를 맞나? 배고프지~!!" 하는 소리가 들린다.

안 봐도 안다. 할머니다. 우리 집에서 내가 어떤 말썽을 피우던 변함없이 날 최고로 사랑하는 분이다. "오, 내 새끼~!" 하며 치마폭에 숨겨 갖고 온 고구마를 주고 볼에 뽀뽀를 쭉~! 하고 나의 얼굴의 묻은 콧물, 눈물을 치마로 닦아주고 날 꼭 껴안아 주었던, 내 할머니.

나 어릴 적, 여름날 마당에 멍석을 깔은 곳에서 그분의 다리를 베게 삼고 모기불 피어놓고 밤에, 밤하늘에 별을 보며 할머니가 아는 모든 이야기 즉, 호랑이가 담배 피던 시절 이야기. 콩쥐 팥쥐 이야기. 흥부놀부. 달이 되고 해가 된 남매, 심청전. 춘향전, 등등 나의 꿈을 키우던 독서의 창고였던 분이다.

할머니의 이야기 끝에 항상 내가 묻는 말, '할머니 그리고 그 뒤 어떻게 됐지?' 물으면 항상 그분의 답은 "암~! 그래서 잘 먹고, 잘 살았단다!"

희극적인 것이나, 비극적인 이야기나 내가 물으면 항상 열 번이고, 스무

번이고 답은 "잘~알 먹고 잘살았다."였다. 한번은 할머니한테 이야기 끝에 열 번도 넘게 "그 뒤 어떻게 됐지~?"물으면. 할머니는 열 번도 넘게 "잘~알 살았단다. 그리고 나중에 잘 죽었단다."하고 서로 마주보고 깔깔대고 같이 한참을 웃었던 적도 있었던 할머니. 너무나도 큰 조건 없는 사랑을 이 손자에게 베풀었던 할머니, 그런 할머니 덕에 나 아무리 어려워도 긍정적으로 살수가 있었지 않았을까? 저 하늘에 계신 할머니 평안하시기를...

그 옛날 그때 이미 오늘날에 아버지의 공장 물려받을 아들이 결정되었겠지. 은퇴 전의 아버지가 갖고 있던 공장, 형에게 미련 없이 다 물려 주었으니. 그러나 어쩌리, 그날 아이스 케키 다 먹은 엉뚱한 기질을 갖고 있는 아들에게 불안해서라도 자기 사업을 나 같은 아들에게 물려주었을까?

인정한다, 아버지의 선택도!, 그래도 그날 먹은 그 아이스케키가 아주 좋았든 행운에 어름 과자였는가 보다. 나를 따라다니며 나하고 같이 그것을 먹었던 교훈이는 40여년이 흐른 지금, 의사가 되어 지방에 종합병원에 원장을 하고 있고. 나도 그렇게 크진 않지만 한 조직에 장이며, 나의 할머니 같은 노인들을 위한 목적으로 그 길을 이루기 위해 열심히 뛰고 살고 있지 아니한가? 이것이~다 그날 먹은 아이스케키 덕이리라.

먼 하늘을 보고 웃어본다. 그리움이 밀려온다. 그 시절의 아쉬움이 실낱처럼 흘러 강물 이라고 부르기 어려운 냇물 같은 강을 보며 하늘로 높이 손을 맘껏 펼쳐본다.

오래오래 흘러라, 고향의 강물이여~!!,

다시 한 번 옛날에 자주 걸터앉아 하늘을 보고, 강을 보던 자리에서 할머니의 그 향기를 다시 떠올리며 그리워하며 난간을 가만히 쓰다듬어 보고 자리를 뜬다.

가슴이 뜨거워 온다.

박부도김 이야기

박형균 수필집